Julius Evola

MÉTAPHYSIQUE DE LA GUERRE
&
LA DOCTRINE ARYENNE DU COMBAT ET DE LA VICTOIRE

Julius Evola
(1898-1974)

MÉTAPHYSIQUE DE LA GUERRE
&
LA DOCTRINE ARYENNE DU COMBAT ET DE LA VICTOIRE

Diorama filosofico, 1935
La dottrina aria di lotta e vittoria, Padova, 1970

Publié par
Omnia Veritas Ltd

www.omnia-veritas.com

MÉTAPHYSIQUE DE LA GUERRE 9

    I 11

    II 21

    III 30

    IV 40

    V 49

LA DOCTRINE ARYENNE DU COMBAT ET DE LA VICTOIRE 59

    NOTE INTRODUCTIVE 63

    DÉJÀ PARUS 97

MÉTAPHYSIQUE DE LA GUERRE

JULIUS EVOLA

I

Le principe général, auquel il serait possible d'en appeler pour justifier la guerre sur le plan de l'humain, c'est « l'héroïsme ». La guerre – dit-on – offre à l'homme l'occasion de réveiller le héros qui sommeille en lui. Elle casse la routine de la vie commode, et, à travers les épreuves les plus dures, favorise une connaissance transfigurante de la vie en fonction de la mort. L'instant où l'individu doit se comporter en héros, fut-il le dernier de sa vie terrestre, pèse, infiniment plus dans la balance que toute sa vie vécue monotonement dans l'agitation des villes. C'est ce qui compense, en termes spirituels, les aspects négatifs et destructifs de la guerre que le matérialisme pacifiste met, unilatéralement et tendancieusement, en évidence. La guerre, en posant et faisant réaliser la relativité de la vie humaine, en posant et faisant aussi réaliser le droit d'un « plus que la vie », a toujours une valeur anti-matérialiste et spirituelle.

Ces considérations ont un poids indiscutable et coupent court à tous les bavardages de l'humanitarisme, aux pleurnicheries sentimentales et aux protestations des paladins des « principes immortels » et de l'Internationale des héros de la plume. Cependant, il faut reconnaître que pour bien définir les conditions par quoi la guerre se présente réellement comme un phénomène spirituel, il faut procéder à un examen ultérieur, esquisser une sorte de « phénoménologie de l'expérience guerrière », en distinguer les différentes forme et les hiérarchiser ensuite pour donner tout son relief au point absolu qui servira de référence à l'expérience héroïque.

Pour cela, il faut rappeler une doctrine qui n'a pas la portée d'une construction philosophique particulière et personnelle, mais qui est à sa manière une donnée de fait positive et objective. Il s'agit de la doctrine de la quadripartition hiérarchique et de l'histoire actuelle comme descente involutive de l'un à l'autre des quatre grades hiérarchiques.

La quadripartition, dans toutes les civilisations traditionnelles – ne l'oublions pas – donna naissance à quatre castes distinctes : serfs, bourgeois, aristocratie guerrière et détenteurs de l'autorité spirituelle.

Ici, il ne faut pas entendre par caste – comme le font la plupart – une division artificielle et arbitraire, mais le « lieu » qui rassemblait les individus ayant une même nature, un type d'intérêt et de vocation identique, une qualification originelle identique. Normalement, une « vérité » est une fonction déterminée définissent chaque caste, et non le contraire. Il ne s'agit donc pas de privilèges et de modes de vie érigés en monopole et basés sur une constitution sociale maintenue plus ou moins artificiellement. Le véritable principe d'où procédèrent ces institutions, sous formes historiques plus ou moins parfaites, est qu'il n'existe pas un mode unique et générique de vivre sa propre vie, mais un mode spirituel, c'est-à-dire de guerrier, de bourgeois, de serf et, quand les fonctions et les répartitions sociales correspondent vraiment à cette articulation, on se trouve – selon l'expression classique – devant une organisation « procédant de la vérité et de la justice ».

Cette organisation devient « hiérarchique » quand elle implique une dépendance naturelle – et avec la dépendance, la participation – des modes inférieurs de vie à ceux qui sont supérieurs, étant considérée comme supérieure toute expression ou personnalisation d'un point de vue purement spirituel. Seulement dans ce cas, existent des rapports clairs et normaux de participation et de subordination, comme l'illustre l'analogie offerte par le corps humain : là où il n'y a pas de conditions saines et normales, quand d'aventure l'élément physique (serfs) ou la vie végétative (bourgeoisie) ou la volonté impulsive et non-contrôlée (guerriers) assume la direction ou la décision dans la vie de l'homme, mais quand l'esprit constitue le point central et ultime de référence pour les facultés restantes, auxquelles il n'est pas pour autant dénié une autonomie partielle, une vie propre et un droit afférent dans l'ensemble de l'unité.

Si l'on ne doit pas génériquement parler de hiérarchie, mais il s'agit de la « véritable » hiérarchie, où celui qui est en haut et qui dirige est réellement supérieur, il faut se référer à des systèmes de civilisation basée sur une élite spirituelle et où le mode de vivre du serf, du bourgeois et du guerrier finit par s'inspirer de ce principe pour la justification suprême des activités où il se manifeste matériellement. Par contre on se trouve dans un état anormal quand le centre se déplace et que le point de référence, n'est plus le principe spirituel, mais celui de la classe servile, ou bourgeoise, ou simplement guerrière. Dans chacun de ces cas, s'il y a également hiérarchie et participation, elle n'est plus naturelle. Elle devient déformante, subversive et finit par excéder les limites, se transformant en un système où la division de la vie, propre à un serf, oriente et compénètre tous les autres éléments de l'ensemble social.

Sur le plan politique, ce processus involutif est particulièrement sensible dans l'histoire de l'Occident jusqu'à nos jours. Les États de type aristocratico-sacral ont été remplacés par des États monarchico-guerriers, largement sécularisés, eux-mêmes supplantés par des États reposant sur des oligarchies capitalistes (caste des bourgeois ou des marchands) et finalement par des tendances socialistes, collectivistes et prolétaires qui ont trouvé leur épanouissement dans le bolchevisme russe (caste des serfs). Ce processus est parallèle au passage d'un type de civilisation à un autre, d'une signification fondamentale de l'existence à une autre, si bien que dans chaque phase particulière de ces concepts, chaque principe, chaque institution prend un sens différent, conforme à la note prédominante.

C'est également valable pour la « guerre ». Et voici comment nous allons pouvoir aborder positivement la tâche que nous proposions au début de cet essai : spécifier les diverses significations que peuvent assumer le combat et la mort héroïques. Selon qu'elle se déclenche sous le signe de l'une ou l'autre caste, la guerre a un visage différent. Alors que dans le cycle de la première caste, la guerre se justifiait par des motifs spirituels et mettait en valeur une voie de réalisation surnaturelle et d'immortalisation pour le héros (c'est le thème de la « guerre sainte »), dans celui des aristocraties guerrières on se battait pour l'honneur et pour le principe avec un loyalisme qui s'associait volontiers au plaisir de la guerre pour la guerre. Avec le passage du pouvoir aux mains de la bourgeoisie, on a une profonde transformation. Le concept même de nation se matérialise et se démocratise ; il se crée une conception anti-aristocrate et naturelle de la patrie, et le guerrier donne naissance au soldat et au « citoyen » qui se bat simplement pour défendre ou pour conquérir une terre ; les guerres n'étant plus, en général, que frauduleusement guidées par des raisons ou des primautés d'ordre économique et industriel. Enfin, là où le dernier stade a pu se réaliser ouvertement – dans une organisation aux mains des serfs, dans le bolchevisme – nous avons encore une autre signification de la guerre, parfaitement exprimée par ces mots de Lénine : « *La guerre entre les nations est un jeu puéril, une survivance bourgeoise qui ne nous regarde pas. La véritable guerre, notre guerre c'est la révolution mondiale pour la destruction de la bourgeoisie et pour le triomphe du prolétariat* ».

Ceci établi, il est évident que le « héros » peut être un dénominateur commun, embrassant les types et les significations les plus divers. Mourir, sacrifier sa vie, peut être valable seulement sur le plan technique et collectif, mais sur le plan de ce que l'on appelle aujourd'hui, un peu brutalement, « le matériel humain ».

Évidemment, ce n'est pas sur ce plan que la guerre peut revendiquer une authentique valeur spirituelle pour l'individu, quand celui-ci se présente non comme « matériel » – à la manière romaine – mais comme personnalité. Cela ne peut se produire que s'il existe un double rapport de moyen et de fin, quand l'individu est moyen par rapport à la guerre et à ses fins matérielles, mais, simultanément, quand la guerre à son tour devient moyen par rapport à l'individu, occasion ou voie ayant pour fin sa réalisation spirituelle, favorisée par l'expérience héroïque. Alors il y a synthèse, énergie et maximum d'efficacité.

Si l'on entre dans cet ordre d'idée et en fonction de ce que nous avons dit plus haut, il est évident que toutes les guerres n'offrent pas les mêmes possibilités. Et ceci en raison d'analogies, nullement abstraites mais positivement actives, selon des voies, invisibles pour la plupart, qui existent entre le caractère collectif prédominant dans les différents cycles de civilisation et l'élément qui correspond à ce caractère dans le tout de l'entité humaine. Si l'ère des marchands et des serfs est celle où prédominent des forces correspondantes aux énergies qui définissent dans l'homme l'élément pré-personnel, physique, instinctif, « tellurique » et simplement organico-vitale, dans l'ère des guerriers et celle des chefs spirituels s'expriment des forces qui correspondent, respectivement, dans l'homme au caractère et à la personnalité, spiritualisée, réalisée selon sa destination surnaturelle. Selon tout ce qu'elle déchaîne de transcendant chez l'individu, il est évident que dans une guerre la majorité ne peut que subir collectivement le réveil correspondant, plus ou moins, à l'influence prédominante dont par ailleurs dépendent les causes qui pèsent dans la déclaration de cette guerre. En fonction de chaque cas, l'expérience l'héroïque aboutit à des points divers, et, surtout, de « trois » sortes.

Au fond, ils correspondent aux trois types possibles de rapport qui peuvent se vérifier pour la caste guerrière et son principe, par rapport aux autres articulations déjà examinées. Il peut se vérifier l'état normal d'une subordination au principe spirituel, d'où l'héroïsme comme déchaînement conduisant à la super-vie et à la super-personnalité. Mais le principe guerrier peut être une fin en soi, se refusant à reconnaître quoique ce soit de supérieur à lui, l'expérience héroïque donnera alors un type « tragique », arrogant, trempé comme l'acier, mais sans lumière. La personnalité reste, est même renforcée, comme le sera la limite de son côté naturaliste et humain. Toutefois ce type de « héros » offre une certaine grandeur et, naturellement, pour les types hiérarchiquement inférieurs, « bourgeois » ou « serfs », cet héroïsme et cette guerre signifient dépassement, élévation, réalisation. Le troisième cas se réfère au principe guerrier dégradé, au service d'éléments hiérarchiquement inférieurs (dernière caste). Ici, l'expérience héroïque s'allie presque fatalement à une évocation, un déchaînement des forces instinctives, personnelles, collectivistes, irrationnelles, provoquant finalement une lésion et une régression de la personnalité de l'individu, qui ravalé à un tel niveau, est conditionné à vivre l'événement d'une manière passive ou sous la suggestion de mythes et d'impulsions passionnelles. Par exemple, les célèbres romans d'Erich Maria Remarque ne reflètent que des possibilités de ce genre : gens poussés à la guerre par de faux idéalismes et qui constatent que la réalité est toute autre chose. Ils ne deviennent pas déserteurs ou lâches, mais au cœur de leurs terribles épreuves, ils ne sont soutenus que par des forces élémentaires, impulsions, instincts, réactions à peine humaines, sans plus connaître un instant de lumière.

Pour préparer une guerre sur le plan matériel, mais aussi spirituel, il faut voir clairement et fermement tout cela, afin de pouvoir orienter âmes et énergies vers la solution la plus haute, la seule qui convienne aux idéaux traditionnels.

Puis il faudrait ensuite spiritualiser le principe guerrier. Le point de départ pourrait être le développement virtuel d'une expérience héroïque dans le sens de la plus haute des trois possibilités que nous avons envisagées.

Montrer comment cette possibilité plus haute, spirituelle, a été pleinement vécue dans les plus grandes civilisations qui nous ont précédés, illustrant ainsi son aspect constant et universel, ne relève pas de la simple érudition. C'est ce que nous nous proposons de faire, à partir des traditions propres à la romanité antique et médiévale.

II

Nous venons de voir comment le phénomène de l'héroïsme guerrier a pu revêtir plusieurs formes et obéir à différentes significations qui, quand on veut en fixer les valeurs d'authentique spiritualité, le différencient profondément. C'est pourquoi nous allons commencer par examiner certaines conceptions relatives aux anciennes traditions romaines.

On n'a, en général, qu'un concept laïc de la valeur du Romain de l'antiquité. Le Romain n'aurait été qu'un soldat au sens le plus étroit du mot, et, grâce à ses vertus militaires unies à un heureux concours de circonstances, il aurait conquis le monde. Fallacieuse opinion, s'il en fut.

Avant tout, le Romain nourrissait l'intime conviction que la grandeur de Rome, son *imperium* et son *aeternitas* étaient dus à des forces divines. Pour considérer cette conviction romaine sous un angle uniquement « positif », il suffit de substituer à cette croyance un mystère : mystère, qu'une poignée d'hommes, sans aucune nécessité, de « terre » ou de « patrie », sans être poussés par un de ces mythes ou une de ces passions auxquels recourent si volontiers les modernes pour justifier une guerre et soulever l'héroïsme, mais sous une impulsion étrange et irrésistible aient été entraînés, toujours plus loin, de pays en pays, entant tout à une « ascèse de la puissance ».

D'après les témoignages de tous les classiques, les premiers Romains étaient très religieux – *nostri maiores religiosissimi mortales*, rappelle Salluste et répètent Cicéron et Aulu-Gelle – mais cette religiosité ne restait pas dans une sphère abstraite et isolée, elle débordait dans la pratique, dans le monde de l'action et par conséquent dans celui de l'expérience guerrière.

Un collège sacré formé par les Fétiaux présidait à Rome à un système bien déterminé de rites, servant de contrepartie mystique à toute guerre, de sa déclaration jusqu'à sa conclusion. D'une manière plus générale, il est certain que l'un des principes de l'art militaire des Romains était d'éviter de livrer bataille avant que des signes mystiques n'en aient, pour ainsi dire, indiqué le « moment ».

Avec les déformations et les préjugés de l'éducation moderne, on ne voudra voir en cela qu'une superstructure extrinsèque faite de superstitions.

Quant aux plus bienveillants, ils n'y verront qu'un fatalisme extravagant. Ce n'est ni l'un ni l'autre. L'essence de l'art augural pratiqué par le patriciat romain, comme d'autres disciplines analogues, aux caractères plus ou moins identiques dans le cycle des plus grandes civilisations indo-européennes, n'était pas de découvrir des « destins » à suivre avec une superstitieuse passivité. Il s'agissait davantage de découvrir les points de jonction avec des influences invisibles, pour y greffer les forces des hommes afin de les rendre puissantes, de les multiplier et les engager à agir également sur un plan supérieur dans le but de balayer – quand la concordance était parfaite – tous les obstacles et toutes les résistances sur le plan à la fois matériel et spirituel. Il est donc difficile, à partir de cela, de douter que la valeur romaine, l'ascèse romaine de la puissance n'ait eu sa contrepartie spirituelle et sacrée, instrument de sa grandeur militaire et temporelle, mais aussi contact et lien avec les forces supérieures.

Si c'en était le lieu ici, nous pourrions citer une nombreuse documentation pour confirmer cette thèse. Nous nous limiterons à rappeler que la cérémonie du triomphe eut à Rome un caractère beaucoup plus religieux que laïco-militaire, et que de nombreux éléments permettent de déduire que le Romain attribuait la victoire de ses duces davantage à une force transcendante qui se manifestait réellement et efficacement à travers eux, leur héroïsme et parfois même leur sacrifice (comme dans le rite de la *devotio* où les chefs s'immolaient) qu'à leurs qualités simplement humaines. Ainsi le vainqueur, en revêtant les insignes du Dieu capitolin suprême, lors du triomphe, s'assimilait à lui, en était une image, et allait déposer dans les mains de ce Dieu le laurier de sa victoire, hommage au véritable vainqueur.

Enfin, l'une des origines de l'apothéose impériale, le sentiment que sous l'apparence de l'Empereur se cachait un *numen* immortel, est incontestablement dérivée de l'expérience guerrière : l'imperator, originellement, était le Chef militaire acclamé sur le champ de bataille au moment de la victoire : mais à cet instant, il apparaissait aussi comme transfiguré par une force venue du haut, terrible et merveilleuse, qui donnait l'impression du *numen*. Cette conception d'ailleurs n'est pas seulement romaine, on la trouve dans toute l'antiquité classico méditerranéenne, et elle ne se limitait pas aux généraux vainqueurs, mais s'étendait parfois aux champions des jeux olympiques et des sanglants jeux du cirque. Dans l'Hellade le mythe des Héros se confond avec des doctrines mystiques, comme l'Orphisme, identifiant le guerrier vainqueur à l'initié, vainqueur de la mort.

Témoignages précis sur un héroïsme et une valeur qui deviennent plus ou moins consciemment des voies spirituelles, bénies non seulement par la conquête matérielle et glorieuse où elles conduisent, mais aussi par leur aspect d'évocation rituelle et de conquête immatérielle. Passons à d'autres témoignages de cette tradition qui, par sa nature, est métaphysique, et où, par conséquent, l'élément « race » ne peut avoir qu'une part secondaire et contingente. Nous disons cela, car plus avant, nous traiterons de la « guerre sainte » qui fut pratiquée dans le monde guerrier du Saint Empire Romain Germanique. Cette civilisation se présentait comme un point de confluence créatrice de plusieurs éléments : un romain, un chrétien et un nordique.

Au sujet du premier, nous y avons déjà fait allusion dans le cadre qui nous intéresse. L'élément chrétien se manifestera sous les traits d'un héroïsme chevaleresque supranational avec les croisades.

Reste l'élément nordique. Afin que nul ne s'alarme à ce sujet, nous tenons à souligner que celui dont il s'agit a un caractère essentiellement supraracial, donc incapable de valoriser ou dénigrer un peuple par rapport à un autre. Pour faire allusion à un plan, auquel en ce moment nous tenons à rester étranger, nous nous bornerons à dire que dans les évocations nordiques plus ou moins frénétiques qui se célèbrent aujourd'hui *ad usum delphini* dans l'Allemagne nazie, pour aussi surprenant que cela puisse paraître, on assiste à une déformation et à une dépréciation des authentiques traditions nordiques telles qu'elles furent, originellement, et telles qu'elles se perpétuèrent chez des Princes qui tenaient pour un grand honneur de pouvoir se dire Romains, bien que de race teutonique. Par contre, pour de nombreux écrivains « racistes » aujourd'hui « nordique » ne signifierait plus que « anti-romain » et « romain » aurait plus ou moins la signification de « juif ».

Ceci dit, il est intéressant de reproduire cette significative formule d'exhortation guerrière de l'antique tradition celte : « *Combattez pour votre terre et acceptez la mort s'il le faut : car la mort est une victoire et une libération de l'âme* ». C'est le même concept qui correspond dans nos traditions classiques à l'expression : *mors triumphalis*. Quant à la tradition réellement nordique, nul n'ignore la part qu'y a le Walhalla, lieu de l'immortalité céleste réservé, non seulement aux « hommes libres » de souche divine, mais aussi aux Héros morts au champ d'honneur (Walhalla signifie littéralement : « le royaume des élus »). Le Seigneur de ce lieu symbolique, Odhin-Wodan, nous apparaît, d'après la Ynglingasaga, comme celui qui, par son sacrifice symbolique à « l'arbre du monde », aurait indiqué aux Héros comment atteindre le divin séjour où l'on vit éternellement sur une cime lumineuse et resplendissante, au-delà des nuées. Selon cette tradition aucun sacrifice, aucun culte n'étaient autant agréables au Dieu suprême, ni plus riches de récompenses dans l'autre monde que celui accompli par le guerrier qui combat et meurt en combattant. Mais il y a quelque chose de plus.

L'armée des Héros morts sur le champ de bataille doit renforcer la phalange des « héros célestes » qui lutte contre le *ragna-rôkkr*, c'est-à-dire contre le destin « d'obscurcissement du divin » qui selon ces enseignements, comme d'ailleurs selon les grecs (Hésiode), pèse sur le monde depuis les âges les plus reculés.

Nous retrouverons ce thème sous une forme différente dans les légendes moyenâgeuses concernant la « dernière bataille » que livrera l'empereur jamais mort. Ici, pour préciser l'élément universel, nous tenons à mettre en lumière la concordance des antiques conceptions nordiques (que, disons-le en passant, Wagner a rendu méconnaissables par son romantisme fumeux, boursouflé et teutonique) avec les antiques conceptions iraniennes et perses. Certains s'étonneront peut-être d'apprendre que les fameuses Walkyries qui choisissent les âmes des guerriers destinés au Walhalla ne sont que la personnification de la part transcendantale de ces guerriers, dont l'équivalent exact sont les *fravashi* qui, dans les traditions irano-perses, sont représentées comme femmes de lumière et vierges emportées des batailles. Elles personnifient plus ou moins les forces surnaturelles en qui les forces humaines des guerriers « fidèles au Dieu de Lumière » peuvent se transfigurer et produire un effet terrible et bouleversant dans les actions sanglantes. La tradition iranienne a également la conception symbolique d'une figure divine – Mithra conçu comme « le guerrier sans sommeil » – qui, à la tête des *fravashi* de ses fidèles, combat contre les émissaires du dieu des ténèbres, jusqu'à l'apparition de *Saoshyant*, seigneur d'un règne à venir de paix « triomphale ».

Déjà ces éléments des antiques traditions indo-européennes, où reviennent toujours les thèmes de la sacralité de la guerre et du héros qui ne meurt pas réellement, mais devient soldat de l'armée mystique dans une lutte cosmique, interfèrent visiblement avec des éléments du christianisme : du moins de ce christianisme qui put assumer concrètement la devise *Vita est militia super terram* et reconnaître que non seulement avec l'humilité, la charité, l'espérance et le reste, mais aussi avec une sorte de violence – l'affirmation héroïque, ici – il est possible d'accéder au « Royaume des Cieux ». C'est précisément de cette confluence de thèmes que naquit la conception spirituelle de la « Grande Guerre » propre au Moyen Age des Croisades, et que nous allons analyser en nous penchant davantage sur l'aspect intérieur individuel toujours actuel de ces enseignements.

III

Examinons à nouveau les formes de la tradition héroïque, qui permettent à la guerre d'assumer la valeur d'une voie de réalisation spirituelle, au sens le plus rigoureux du terme, donc aussi d'une justification et d'une finalité transcendantes. Nous avons déjà parlé des conceptions qui, à cet égard, furent celles du monde romain antique. Nous avons ensuite jeté un coup d'œil sur les traditions nordiques et le caractère immortalisant de toute mort réellement héroïque sur le champ de bataille. Nous devions nous référer à ces conceptions, pour arriver au monde médiéval, au Moyen Age comme civilisation résultant de la synthèse des trois éléments : d'abord romain, ensuite nordique, et enfin chrétien.

Nous nous proposons maintenant d'examiner l'idée de la « sacralité de la guerre », telle que la connut et la cultiva le Moyen Age. Évidemment nous devrons nous référer aux Croisades, prises dans leur signification la plus profonde, sans les réduire à des déterminismes économiques et ethniques, comme le font les historiens matérialistes, et encore moins à un phénomène de superstition et d'exaltation religieuse, comme le veulent les esprits « avancés », enfin, pas davantage à un phénomène simplement chrétien. Sur ce dernier point, il ne faut pas perdre de vue le juste rapport de moyen et de fin. On dit : dans les Croisades, la foi chrétienne se servit de l'esprit héroïque de la chevalerie occidentale.

C'est plutôt le contraire qui est vrai. La foi chrétienne et ses buts relatifs et contingents de lutte religieuse contre « l'infidèle », de « libération du Temple » et de la « Terre Sainte », ne furent que les moyens qui permirent à l'esprit héroïque de se manifester, de s'affirmer, de se réaliser dans une sorte d'ascèse, distincte de la contemplation, mais non moins riche de fruits spirituels. La majeure partie des chevaliers qui donnèrent leurs forces et leur sang pour la « guerre sainte » n'avaient qu'une idée et une connaissance théologale des plus vagues de la doctrine pour laquelle ils se battaient.

D'autre part, le cadre des Croisades était riche d'éléments susceptibles de leur conférer une signification symbolique spirituelle supérieure. À travers les voies du subconscient, des mythes transcendantaux réaffleuraient dans l'âme de la chevalerie occidentale : la conquête de la « Terre Sainte » située « au-delà des mers » présenta en effet infiniment plus de rapports réels que ne pouvaient le supposer les historiens avec l'antique saga selon laquelle « dans le lointain Orient, où se lève le Soleil, se trouve la ville sacrée où la mort ne règne pas mais les bienheureux héros qui savent l'atteindre jouissent d'une céleste sérénité et d'une vie éternelle ».

Par ailleurs, la lutte contre l'Islam eut, de par sa nature, dès le début, la signification d'une épreuve ascétique. « Il ne s'agissait pas de combattre pour les royaumes de la terre – écrivit Kugler, le célèbre historien des Croisades – mais pour le royaume des cieux : les Croisades n'étaient pas du ressort des hommes, mais de Dieu -on ne devait donc point les considérer comme les autres événements humains ». La guerre sainte devait, selon l'expression d'un ancien chroniqueur, se comparer « au baptême semblable à feu de purgatoire avant la mort ». Les Papes et les prédicateurs comparaient symboliquement ceux qui étaient morts aux Croisades à de « l'or trois fois essayé et sept fois purifié par le feu », et pouvant conduire au Dieu suprême. « *N'oubliez jamais cet oracle* – écrivait Saint Bernard – *que nous vivions ou que nous mourrions, nous appartenons au Seigneur. Quelle* gloire pour vous de sortir de la mêlée tous couverts de lauriers. Mais quelle joie plus grande pour vous est celle de gagner sur le champ de bataille une couronne immortelle... O condition fortunée, où se peut affronter la mort sans crainte, même la désirer avec impatience et la recevoir d'un cœur ferme ! ». La gloire absolue était promise au Croisé – *glorie asolue*, en provençal – donc, en dehors de la figuration religieuse, la conquête de la supra-vie, de l'état surnaturel de l'existence. Ainsi, Jérusalem, but convoité de la conquête, se présentait-elle sous le double aspect d'une ville terrestre et d'une ville symbolique, céleste et immatérielle, et la Croisade prenait une valeur intérieure, indépendante de tous ses apparats, ses supports, et de toutes ses motivations apparentes.

Du reste, ce furent les ordres de chevalerie qui fournirent le plus grand tribut aux Croisades, comme ceux des Templiers et des Chevaliers de Saint-Jean, composés d'hommes qui, comme le moine ou l'ascète chrétien, « avaient appris à mépriser la vanité de cette vie ; dans ces ordres se retrouvaient guerriers fatigués par le monde, qui avaient tout vu et goûté à tout », prêts à une action totale, que ne soutenait aucun des intérêts de la vie temporelle et de la politique ordinaire, au sens le plus strict. Urbain II s'adressa à la chevalerie comme à la communauté supranationale de ceux « *prêts à accourir partout où éclatait une guerre pour y porter la terreur de leurs armes afin de défendre l'honneur et la justice* », à plus forte raison devaient-ils entendre l'appel à la « guerre sainte » ; guerre qui, d'après l'un des écrivains de l'époque, n'a pas pour récompense un fief terrestre, toujours révocable et contingent, mais un « fief céleste ».

Mais le déroulement même des Croisades, en couches plus vastes et sur le plan d'idéologie générale, provoqua une purification et une intériorisation de l'esprit de l'initiative. Après la conviction initiale que la guerre pour la « vraie » foi ne pouvait avoir qu'une issue victorieuse, les premiers revers militaires essuyés par les armées des croisés furent une source de surprise et d'étonnement, mais à la fin ils servirent cependant à mettre en lumière l'aspect le plus haut de la « guerre sainte ». Le sort désastreux d'une Croisade fut comparé par les clercs de Rome à celui de la vertu malheureuse qui n'est jugée et récompensée qu'en fonction d'une autre vie. Et cela annonçait la reconnaissance de quelque chose de supérieur aussi bien à la victoire qu'à la défaite, à la mise au premier plan de l'aspect propre à l'action héroïque accomplie indépendamment des fruits visibles et matériels, presque comme une offrande transformant l'holocauste viril de toute la partie humaine en « gloire absolue » immortalisante.

Il est évident qu'ainsi on devait finir par atteindre un plan, pour ainsi dire, supratraditionnel, je prends le mot « tradition » dans son sens le plus étroit, le plus historique et religieux. La foi religieuse particulière, les buts immédiats, l'esprit antagoniste devenaient donc des éléments aussi contingents que l'est la nature variable d'un combustible destiné seulement à produire et à alimenter une flamme.

Le point central restait la valeur sainte de la guerre. Mais il se préfigurait également la possibilité de reconnaître ceux qui, adversaires du moment, semblaient attribuer au combat la même signification traditionnelle.

C'est un des éléments grâce auquel les Croisades servirent, malgré tout, à faciliter un échange culturel entre l'Occident gibelin et l'Orient arabe (point de rencontre, à son tour, d'éléments traditionnels plus antiques) dont la portée va bien plus loin que la plupart des historiens ne l'ont vu jusqu'à présent. De même que les ordres de chevalerie des croisés se trouvèrent devant des ordres de chevalerie arabe, qui leur étaient presque analogues sur le plan de l'éthique, des mœurs, parfois même des symboles, de même la

« guerre sainte » qui avait dressé les deux civilisations l'une contre l'autre au nom de leurs religions respectives, permit également leur rencontre et que, tout en partant de deux croyances différentes, chacune finit par donner à la guerre une valeur de spiritualité, analogue et indépendante. C'est d'ailleurs ce qu'il ressortira quand nous étudierons comment, fort de sa foi, l'antique chevalier arabe s'éleva au même point supratraditionnel, que le chevalier-croisé par son ascétisme héroïque.

Ici, c'est un autre point que nous voudrions effleurer. Ceux qui jugent les Croisades de haut, les ramenant à un des épisodes les plus extravagants du « sombre » Moyen Age, ne soupçonnent pas que ce qu'ils appellent « fanatisme religieux » est la preuve tangible de la présence et de l'efficacité d'une sensibilité et d'un type de décision dont l'absence caractérise la barbarie authentique. Car enfin, l'homme des Croisades savait encore se dresser, combattre et mourir pour un motif qui, dans son essence, était suprapolitique et suprahumain. Il adhérait ainsi à une union basée non plus sur le particulier mais sur l'universel. Et ceci reste une valeur, un point de repère inébranlable.

Naturellement il ne faut pas se méprendre, et penser que la motivation transcendante puisse être une excuse pour rendre le guerrier indifférent, pour lui faire négliger les devoirs inhérents à son appartenance à une race et à une patrie. Il ne s'agit pas de cela. Il s'agit au contraire, essentiellement, de significations profondément différentes selon lesquelles actions et sacrifices peuvent être vécus et qui, vus de l'extérieur, peuvent être absolument les mêmes. Il y a une différence radicale entre qui fait simplement la guerre et qui, par contre, dans la guerre fait aussi la « guerre sainte », en vivant une expérience supérieure, désirée et désirable pour l'esprit.

Il faut ajouter que si cette différence est avant tout intérieure, sous l'impulsion de tout ce qui a intérieurement une puissance, se traduisant aussi à l'extérieur, des effets en découlent sur d'autres plans et, plus particulièrement, dans les termes suivants. Avant tout, termes d'une « irréductibilité » de l'impulsion héroïque : Qui vit spirituellement l'héroïsme est chargé d'une tension métaphysique, stimulé par un élan dont l'objet est « infini », dépassera toujours ce qui anime celui qui se bat par nécessité, par métier ou sous la poussée d'instincts naturels ou de suggestions.

En second lieu, qui se bat dans une « guerre sainte » se situe spontanément au-delà de tout particularisme, vit dans un climat spirituel qui, à un moment donné, peut fort bien donner naissance à une unité supranationale dans l'action. C'est précisément ce qui s'est vérifié dans les Croisades, où Princes et Chefs de tous pays se rassemblèrent pour l'entreprise héroïque et sainte, au-delà de leurs intérêts particuliers et utilitaires et des divisions politiques, réalisant pour la première fois une grande unité européenne conforme à leur civilisation commune et au principe même du Saint Empire Romain Germanique.

Or, si nous savons abandonner le « prétexte », si nous savons isoler l'essentiel du contingent, nous trouvons un élément précieux qui ne se borne pas à une période historique déterminée. Réussir à ramener l'action héroïque sur un plan « ascétique », à la justifier aussi en fonction de ce plan, signifie déblayer la voie pour une nouvelle et possible unité de civilisation. Cela signifie aussi écarter l'antagonisme conditionné par la matière, préparer la place pour les grandes distances et les vastes fronts, pour dimensionner peu à peu les buts extérieurs de l'action à sa nouvelle signification spirituelle : comme cela se vérifie quand ce n'est plus seulement pour un pays et pour des ambitions temporelles que l'on se bat, mais au nom d'un principe supérieur de civilisation, d'une tentative de ce qui, pour être métaphysique, nous fait aller de l'avant, au-delà de toutes limites, au-delà de tous dangers, au-delà de toute destruction.

IV

Il ne faut pas trouver étrange, qu'après avoir examiné un ensemble de traditions occidentales relatives à la guerre sainte, c'est-à-dire à la guerre comme valeur spirituelle, nous nous proposons maintenant d'examiner ce concept tel qu'il a été formulé par la tradition islamique. En effet, notre but, comme nous l'avons souligné plusieurs fois, est de mettre en relief la valeur objective d'un principe par la démonstration de son universalité, de sa conformité au *quod ubique, quod ab omnibus et quod semper*. Seulement ainsi, on peut avoir la sensation que certaines valeurs ont une portée absolument différente de ce que peuvent penser les uns ou les autres, mais aussi que dans leur essence elles sont supérieures aux formes particulières qu'elles ont assumées pour se manifester dans les deux traditions historiques. Plus on reconnaîtra la correspondance interne de ces formes, et leur principe unique, plus on pourra approfondir sa propre tradition, jusqu'à la posséder intégralement et la comprendre en partant de son point originel et métaphysique.

Historiquement, il faut souligner que la tradition islamique, en ce qui nous intéresse, est en quelque sorte l'héritière de la tradition perse, l'une des plus hautes civilisations indo-européennes. La conception mazdéenne originelle de la religion comme *militia* sous le signe du « Dieu de Lumière », et de l'existence sur la terre comme une lutte incessante pour arracher êtres et choses au pouvoir d'un anti-dieu, est le centre de la vision perse de la vie. Il faut lai considérer comme la contrepartie métaphysique et le fond spirituel des exploits guerriers dont l'apogée fut l'édification perse de l'empire du « Roi des rois ». Après la chute de la grandeur perse, certains échos de cette tradition subsistèrent dans le cycle de la civilisation arabe médiévale, sous des formes plus matérielles et parfois exaspérées, mais sans jamais annuler effectivement le motif originel de spiritualité.

Ici nous nous référerons à des traditions de ce genre surtout parce qu'elles mettent en relief un concept très utile pour éclairer ultérieurement l'ordre des idées que nous nous proposons d'exposer.

Il s'agit du concept de la grande guerre sainte, distincte de la « petite guerre », mais en même temps liée à cette dernière selon une correspondance spéciale. La distinction se base sur un hadith du Prophète, qui, revenant d'une expédition guerrière aurait déclaré :

« *Nous sommes revenus de la petite guerre sainte à la grande guerre sainte* ».

La petite guerre, ici, correspond à la guerre extérieure, à la guerre sanglante qui se fait avec des armes matérielles contre l'ennemi, contre le « barbare », contre une race inférieure devant laquelle on revendique un droit supérieur ou, enfin, quand l'entreprise est dirigée par une motivation religieuse, contre « l'infidèle ». Pour aussi terribles et tragiques qu'en puissent être les accidents, pour aussi monstrueuses qu'en puissent être les destructions, il n'en reste pas moins que cette guerre, métaphysiquement, est toujours la « petite guerre ». La « grande guerre sainte » est au contraire d'ordre intérieur et immatériel, c'est le combat qui se mène contre l'ennemi, ou le « barbare », ou « l'infidèle » que chacun abrite en soi et qu'il voit surgir en soi au moment où il veut assujettir tout son être à une loi spirituelle. En tant que désir, tendance, passion, instinct, faiblesse et lâcheté intérieure ennemi qui est dans l'homme doit être vaincu, brisé ans sa résistance, enchaîné, soumis à l'homme spirituel : telle est la condition pour atteindre la libération intérieure, la « paix triomphale » qui permet de participer à ce qui est au-delà de la vie comme de la mort.

C'est simplement l'ascétisme – dira-t-on. La grande guerre sainte est l'ascèse de tous les temps. Et quelqu'un sera tenté d'ajouter : c'est la voie de ceux qui fuient le monde et qui, avec l'excuse de la lutte intérieure, se transforment en un troupeau de poltrons pacifistes. Ce n'est rien de tout cela. Après la distinction entre les deux guerres, leur synthèse. C'est le propre des traditions héroïques que de prescrire la « petite guerre », c'est-à-dire la guerre vraie, sanglante, comme instrument pour la « grande guerre sainte » ; au point que, finalement, les deux ne deviennent qu'une seule et même chose.

C'est ainsi que dans l'Islam « guerre sainte » – *jihâd* et « voie de Dieu » – sont indifféremment utilisés l'un pour l'autre. Qui se bat est sur la « voie de Dieu ». Un célèbre hadith très caractéristique de cette tradition, dit : « *Le sang des Héros est plus près du Seigneur que l'encre des sages et les prières des dévots* » Ici aussi, comme dans les traditions dont nous avons déjà parlé comme dans l'ascèse romaine de la puissance et dans la classique *mors triumphalis*, l'action assume l'exacte valeur d'un dépassement intérieur et d'accès à une vie délivrée de l'obscurité, du contingent, de l'incertitude et de la mort.

En d'autres termes, les situations, les risques, les épreuves inhérentes aux exploits guerriers provoquent l'apparition de « l'ennemi » intérieur, qui, en tant qu'instinct de conservation, lâcheté ou cruauté, pitié ou fureur aveugle, surgit comme ce qu'il faut vaincre dans l'acte même de combattre l'ennemi extérieur. Ceci montre que le point décisif est constitué par l'orientation intérieure, la permanence inébranlable de ce qui est esprit dans la double lutte : sans précipitation aveugle, ni transformation en une brute déchaînée, mais, au contraire, domination des forces les plus profondes, contrôle pour n'être jamais entraîné intérieurement, mais rester toujours maître de soi, et cette maîtrise permet de s'affirmer au-delà de toutes limites.

Nous aborderons plus avant une autre tradition où cette situation est représentée par un symbole très caractéristique : un guerrier et un être divin impassible, qui, sans combattre, soutient et conduit le soldat, à côté duquel il se trouve sur le même char de combat. C'est la personnification de la dualité des principes que le véritable héros, dont les émanations ont toujours quelque chose de ce sacré dont il est porteur.

Dans la tradition islamique, on lit dans un de ses textes les plus importants : « *combat dans la voie de Dieu (c'est-à-dire dans la guerre sainte) celui qui sacrifie la vie terrestre pour celle de l'au-delà : car à celui qui combat dans la voie de Dieu et sera tué, ou vainqueur, nous donnerons une immense récompense* ». La prémisse métaphysique selon laquelle il est prescrit : « *Combattez selon la guerre sainte ceux qui vous feront la guerre* ». « *Tuez-les partout où vous les trouverez et écrasez-les. Ne vous montrez pas faibles et n'invitez pas à la paix* » car « *la vie terrestre est seulement un jeu et un passe-temps* » et « *qui se montre avare, n'est avare qu'avec soi-même* ». Ce dernier principe est évidemment à prendre comme un fac-similé de l'évangélique : « *Qui veut sauver sa propre vie la perdra et qui la perdra la rendra réellement vivante* », confirmé par cet autre passage : « *Et que, vous qui croyez, quand il vous fut dit :* « *Descendez à la bataille pour la guerre sainte' vous êtes restés immobiles ? Vous avez préféré la vie de ce monde à la vie future* », puisque : « *vous attendez de nous une chose, et non les deux suprêmes, victoire ou sacrifice ?* ».

Cet autre passage est digne d'attention : « *La guerre vous a été ordonnée, bien qu'elle vous déplaise. Mais quelque chose qui est bon pour vous peut-il vous déplaire, et vous plaire ce qui est mauvais pour vous : Dieu sait, alors que vous vous ne savez pas* », qui est très proche de : « *Ils préférèrent être parmi ceux qui restèrent : une marque est incisée dans leur cœur, aussi ne comprennent-ils pas.*

Mais l'Apôtre et à eux qui croient avec lui combattent avec ce qu'ils ont et avec leur propre personne : à eux récompenses – et ce sont eux qui prospéreront – dans la grande félicité ».

Ici nous avons une sorte d' *amor fati*, une intuition mystérieuse, évocation et accomplissement héroïque du destin, dans l'intime certitude que, quand il y a « intention juste », quand l'inertie et la lâcheté sont vaincues, l'élan va au-delà de la propre vie et de celle des autres, au-delà de la félicité et de l'affliction, guidé dans le sens d'un destin spirituel et d'une soif d'existence absolue, donnant alors naissance à une force qui ne pourra manquer le but absolu. La crise d'une mort tragique et héroïque devient contingence sans intérêt, ce qui, en termes religieux, est exprimé ainsi : « *Ceux qui seront tués dans la voie de Dieu (ceux qui mourront en combattant la guerre sainte) leur réalisation ne sera pas perdue. Dieu les guidera et disposera de leur âme. Il les fera entrer dans le paradis qu'il leur a révélé* ».

Ainsi le lecteur se trouve-t-il ramené aux idées exposées plus haut qui sont basées sur les traditions classiques ou nordico-médiévales, concernant une immortalité privilégiée réservée aux héros, les seuls qui, selon Hésiode, habitent les îles symboliques où se déroule une existence lumineuse et intangible à l'image de celle des Olympiens.

Dans la tradition islamique il y a de fréquentes allusions au fait que certains guerriers, morts dans la « guerre sainte », ne seraient en vérité jamais morts, assertion nullement symbolique, et encore moins à rapprocher de certains états surhumains séparés des énergies et des destinées des vivants. Il n'est pas possible d'entrer dans ce domaine, qui est plutôt mystérieux, et exige des références qui n'intéressent pas la nature de cette étude. Il est certain qu'aujourd'hui encore, et précisément en Italie, les rites par lesquels une communauté guerrière déclare « présents » les camarades morts au champ d'honneur, ont retrouvé une force singulière. Qui part de l'idée que tout ce qu'un processus d'involution a, de nos jours, doté d'un caractère allégorique et au maximum éthique, avait à l'origine une valeur de réalité (et tout rite était action et non simple cérémonie) doit penser que les rites guerriers actuels peuvent être matière à méditation et à rapprocher du mystère contenu dans l'enseignement dont nous avons parlé : l'idée de héros qui ne sont pas vraiment morts, comme celle de vainqueurs qui, à l'image du César romain, restent « vainqueurs perpétuels » au centre d'une lignée.

V

Nous achèverons cette rapide étude, consacrée à la guerre comme valeur spirituelle, en nous référant à une dernière tradition du cycle héroïque indo-européen, celle de la Bhagavad-Gîtâ, le plus célèbre texte peut-être de l'antique sagesse hindoue, essentiellement écrit pour la caste guerrière.

Son choix n'est pas arbitraire et ne doit rien à l'exotisme. Comme la tradition islamique nous a permis de formuler, dans l'universel, l'idée de la « grande guerre » intérieure, contrepartie possible et âme d'une guerre extérieure, la tradition transmise par le texte hindou nous permettra d'encadrer définitivement notre sujet dans une vision métaphysique.

Sur un plan plus extérieur, cette référence à l'Orient hindou, le grand Orient héroïque et non celui des théosophes, des panthéistes humanitaires et des vieilles dames en extase devant les Gandhi et les Rabindranath Tagore, nous parait également utile pour rectifier les opinions et la compréhension supratraditionelle qui ne sont les moindres buts que nous recherchons. On est resté trop longtemps esclave des antithèses artificielles Orient / Occident : artificielles parce que basées sur le dernier Occident moderniste et matérialiste, qui finalement a bien peu de commun avec celui qui l'a précédé, avec la véritable et grande civilisation occidentale. L'Occident moderne est aussi opposé à l'Orient qu'il l'est à l'antique Occident. Dès qu'on en revient aux temps anciens, nous nous trouvons effectivement devant un patrimoine ethnique et culturel largement commun, qui correspondait déjà à une unique dénomination « indo-européen ». Les formes originelles de vie, de spiritualité, d'institutions des premiers colonisateurs de l'Inde et de l'Iran ont beaucoup de points de contact avec celles des peuples helléniques et nordiques, mais aussi des antiques Romains. Nous allons aborder maintenant des traditions qui nous donnent un exemple de ces affinités de conception spirituelle commune du combat, de l'action et de la mort héroïque, contrairement à l'idée reçue qui veut, dès qu'on parle de civilisation hindoue, ne penser que nirvâna, fakirisme, évasion du monde, négation des valeurs « occidentales » de la personnalité, etc.

La Bhagavad Gîtâ est rédigée sous forme de dialogue entre un guerrier, Arjuna et un dieu, Krishna son maître spirituel. Le dialogue a lieu à l'occasion d'une bataille où Arjuna hésite à se lancer, arrêté par des scrupules humanitaires. Interprétées en clef de spiritualité, les deux figures d'Arjuna et de Krishna ne sont, en réalité, qu'une seule et même personne car elles représentent les deux parties de l'être humain : Arjuna le principe de l'action, Krishna celui de la connaissance transcendante. Le dialogue se transforme en une sorte de monologue, d'abord clarification intérieure, puis résolution héroïque autant que spirituelle du problème de l'action guerrière qui s'était imposé à Arjuna au moment de descendre sur le champ de bataille.

Or, la pitié qui retient le guerrier quand, au moment de combattre, il découvre dans les rangs ennemis les amis de jadis et certains de ses parents, est qualifiée par Krishna (le principe spirituel) de « *trouble indigne des Aryas qui ferme le ciel et procure la honte* » (B.G. II, 2, Burnouf). Ainsi revient le thème que nous avons déjà si souvent rencontré dans les enseignements traditionnels de l'Occident : « *tué, tu gagneras le ciel ; vainqueur, tu posséderas la terre. Lève-toi donc, fils de Kunti pour combattre bien résolu* » (op. cit., II, 37). En même temps se dessine le thème d'une « guerre intérieure » guerre qu'il faut mener contre soi-même : « *sachant donc que la raison est la plus forte, affermis-toi en toi-même, et tue un ennemi aux formes changeantes, à l'abord difficile* ». (op. cit., III, 43). L'ennemi extérieur a pour pendant un ennemi intérieur, qui est la passion, la soif animale de la vie. Voici comment est définie la juste orientation : « Rapporte à moi toutes les œuvres, pense à l'Âme suprême ; et sans espérance, sans souci de toi-même, combats et n'aie point de tristesse ». *op. cit., III, 30).*

Il faut noter l'appel à une lucidité, supraconsciente et suprapassionnée d'héroïsme, comme il ne faut pas négliger ce passage qui souligne le caractère de pureté, d'absolu que doit avoir l'action et qu'elle peut avoir en termes de « guerre sainte » : « *Tiens pour égaux plaisir et pleine, gain et perte, victoire et défaite, et sois* tout entier à la bataille : ainsi tu éviteras le péché » *(op. cit., 11,38).*

Ainsi s'impose l'idée d'un « péché », qui ne se réfère qu'à l'état de volonté incomplète et d'action, intérieurement encore éloignée de l'élévation, par rapport à laquelle la vie signifie si peu, la sienne comme celle des autres, et où aucune mesure humaine n'a plus cours.

Si l'on reste sur ce plan, ce texte offre des considérations d'un ordre absolument métaphysique, visant à montrer comment, à un tel niveau, finit par agir sur le guerrier une force plus divine qu'humaine.

L'enseignement que Krishna (principe de « connaissance ») dispense à Arjuna (principe « d'action ») pour mettre fin à ses hésitations, vise surtout à réaliser la distinction entre ce qui est incorruptible comme spiritualité absolue, et ce qui existe seulement d'une manière illusoire comme élément humain et naturel : « *Celui qui n'est pas ne peut être, et celui qui est ne peut cesser d'être. (...) Sache-le il est indestructible, Celui par qui a été développé cet univers (...) Celui qui croit qu'elle tue ou qu'on la tue (l'Âme) se trompe ; elle ne tue pas, elle n'est pas tuée (...) elle n'est pas tuée quand on tue le corps (...) Combats donc, ô Bharata.* » (op. cit., II 16 17, 19, 20 et 18).

Mais ce n'est pas tout. À la conscience de l'irréalité métaphysique de ce que l'on peut perdre, ou faire perdre, comme vie caduque et corps mortel (conscience qui trouve son équivalence dans l'une des traditions que nous avons déjà examinées, où l'existence humaine est définie comme « jeu et frivolité »), s'associe l'idée que l'esprit, dans son absolu, sa transcendance devant tout ce qui est limité et incapable de dépasser cette limite, ne peut apparaître que comme une force destructrice. C'est pourquoi se pose le problème de voir en quels termes dans l'être, instrument nécessaire de destruction et de mort, le guerrier peut évoquer l'esprit, justement sous cet aspect, au point de s'y identifier.

La Bhagavad Gîtâ nous le dit exactement. Non seulement le Dieu déclare : « *Je suis... la vertu des forts exempte de passion et de désir (...) ; dans le feu la splendeur ; la vie dans tous les êtres ; la continence dans les ascètes (...) la science des sages ; le courage des vaillants* » *(op. cit., VII, 11, 9, 10).*

Puis, le Dieu se manifeste à Arjuna sous sa forme transcendantale, terrible et fulgurante lui offrant une vision absolue de la vie tels des lampes soumises, à une lumière trop intense, des circuits investis d'un potentiel trop haut, les êtres vivants tombent et trépassent seulement parce qu'en eux brûle une puissance qui transcende leur perfection, qui va au-delà de tout ce qu'ils peuvent et veulent. C'est pour cela qu'ils deviennent, atteignent un sommet et, comme entraînés par les ondes auxquelles ils s'étaient abandonnés et qui les avaient portés jusqu'à un certain point, ils enfoncent, se dissolvent, meurent, retour-vent dans le non-manifesté. Mais celui qui ne redoute pas la mort, sait assumer sa mort devenant par là tout ce qui le détruit, l'engloutit, le brise, il finit par franchir la limite parvient à se maintenir sur la crête des ondes, n'enfonce pas, au contraire ce qui est au-delà de la vie se manifeste en lui. C'est pourquoi, Krishna, la personnification du « principe esprit », après s'être révélé dans sa totalité à Arjuna, peut dire : « *Excepté toi, il ne restera pas un seul des soldats que renferment ces deux armées. Ainsi donc, lève-toi, cherche la gloire ; triomphe des ennemis et acquiers un vaste empire. J'ai déjà assuré leur perte : sois-en seulement l'instrument ; (...) tue-les donc ; ne te trouble pas ; combats et tu vaincras tes rivaux.* » (op. cit., XI, 32, 33, 34).

On retrouve donc l'identification de la guerre avec la « voie de Dieu », dont nous avons parlé dans les pages précédentes. Le guerrier cesse d'agir en tant que personne. Une grande force non-humaine, à ce niveau, en transfigure l'action, la rend absolue et « pure » là précisément où elle doit être extrême. Voici une image très éloquente, appartenant à cette tradition : « *La vie, comme un arc ; l'âme, comme une flèche ; l'esprit absolu comme cible à atteindre. S'unir à cet esprit comme la flèche décochée se plante dans la cible* ». C'est une des plus hautes formes de la justification métaphysique de la guerre, une des images les plus complètes de la guerre comme « guerre sainte ».

Pour terminer cette digression sur les formes de la tradition héroïque telles que nous les ont présentées époques et peuples si divers, nous n'ajouterons que quelques mots en guise de conclusion.

Cette excursion dans un monde qui pourra sembler, à certains, insolite et n'ayant guère à voir avec le nôtre, nous ne l'avons pas faite par curiosité ou pour étaler notre érudition. Nous l'avons faite, au contraire, dans le but précis de démontrer le sacré de la guerre, car la possibilité de justifier la guerre spirituellement et sa nécessité, constitue, au sens le plus haut du terme, une tradition. C'est quelque chose qui s'est toujours et partout manifesté, dans le cycle ascendant de toutes les grandes civilisations. Alors que la névrose de la guerre, les déprécations humanitaires et pacifistes, les concessions à la guerre comme « triste nécessité » et phénomène uniquement politique ou naturel – tout ceci ne correspond à aucune tradition, n'est qu'une invention moderne, récente, en marge de la décomposition qui caractérisait la civilisation démocratique et matérialiste, contre laquelle se dressent aujourd'hui de nouvelles forces révolutionnaires.

Dans ce sens, tout ce que nous avons recueilli, de sources si différentes, avec le souci constant de séparer l'essentiel du contingent, l'esprit de la lettre, peut servir à une confortation intérieure, à une confirmation, à une certitude décuplée. Non seulement l'instinct viril est justifié en termes supérieurs, mais la possibilité de cerner les formes de l'expérience héroïque qui correspond à notre vocation la plus haute, se dévoile brusquement.

Ici nous devons revenir à ce que nous écrivions au début de cette étude, en montrant qu'il y a plusieurs manières d'être « héros », (voire animale et sub-personnelle). Donc ce qui compte n'est pas tant la possibilité vulgaire de se lancer dans une bataille et de se sacrifier, mais l'esprit selon lequel on peut vivre une aventure de ce genre.

Nous avons désormais tous les éléments pour préciser, parmi les différents aspects de l'expérience héroïque, celui que l'on peut considérer comme absolu, qui peut véritablement identifier la guerre avec la « voie de Dieu », et chez le héros, peut laisser entrevoir réellement une manifestation divine.

Mais il faut rappeler aussi qu'en disant que le point où la vocation guerrière atteint réellement une hauteur métaphysique, reflétant la plénitude de l'universel, il ne peut, dans une race, que tendre à une manifestation et à une finalité également universelles, ce qui signifie : il ne peut que prédestiner cette race à l'empire. Car seul l'empire, tel un ordre supérieur où règne la *pax triumphalis*, reflet terrestre de la souveraineté du « supra-monde » est comparable aux forces qui, dans le domaine de l'esprit, manifestent les mêmes caractères de pureté, de puissance, d'inéluctabilité, de transcendance par rapport à tout ce qui est pathos, passion et limitation humaine, qui se reflète dans les grandes et libres énergies de la nature.

LA DOCTRINE ARYENNE DU COMBAT ET DE LA VICTOIRE

AVERTISSEMENT DU TRADUCTEUR

La doctrine aryenne du combat et de la victoire est le texte d'une conférence prononcée en allemand par Julius Evola, le 7 décembre 1940, au palais Zuccari à Rome. Elle fut publiée en 1941 par la maison d'édition viennoise Scholl, sous le titre *Die arische Lehre vom Kampf und Sieg*.

La version italienne de ce texte, publiée sous le titre *La dottrina aria di lotta e vittoria*, parut pour la première fois en 1970 aux éditions Di Ar de Padoue (2e éd. 1977, 3e éd. 986). Une première édition française a été publiée comme supplément au numéro 7 de la revue Totalité (*La doctrine aryenne de lutte et de victoire*, Paris, 1979). Cette édition étant épuisée depuis plusieurs années, on présente ici une nouvelle traduction, meilleure car serrant de plus près le texte, et effectuée, elle aussi, à partir de l'original italien.

L' « avertissement » de l'éditeur italien, qui figure dans la première édition française, a été supprimé. En revanche, on a traduit la « note introductive », figurant dans les deuxième et troisième éditions italiennes du texte d'Evola.

NOTE INTRODUCTIVE

La mentalité courante croit généralement que l'irréalisme verbeux et patriotard d'inspiration romantique ou vitaliste, d'une part, et la rhétorique pacifiste d'inspiration humanitaire, d'autre part, sont des positions irréconciliables et antithétiques. En réalité, le patriote et le défaitiste partagent un même préjugé de fond, typiquement moderne, selon lequel la guerre serait privée de toute signification supérieure, spirituelle ; tous deux la considèrent, en effet, comme un fait matériel brut – une certaine mise en scène idéaliste, ici, ne doit pas induire en erreur –, que le premier justifiera et exaltera comme un épisode utile à la « grandeur de la nation », et que le second condamnera comme une « boucherie inutile ». Ainsi, tandis que certains, sur la base d'un irrationalisme biologisant et vulgaire, exaltaient la guerre comme moyen de défoulement d'instincts subpersonnels, du même point de vue d'autres purent la condamner en tant que facteur de sélection biologique à rebours. Il est évident qu'au-delà de l'appréciation – positive ou négative – portée sur l'expérience guerrière, le jugement moderne sur la guerre est, au fond, toujours le même, puisque celle-ci est assimilée à un conflit bestial. D'ailleurs, il ne saurait en être autrement dans une civilisation qui a ramené l'homme à une simple variété zoologique.

Mais les choses se présentent de manière différente lorsqu'on les envisage à la lumière de la Tradition.

> *Dans la conception de l'ancien monde aryen, par exemple, la guerre est le symbole, la continuation sensible d'une lutte métaphysique : elle est l'effet d'un affrontement entre les puissances célestes du Kosmos, de la forme, de la lumière, et celles du chaos, de la nature déchaînée, des ténèbres.*
>
> *Ainsi, en ce qui concerne l'héroïsme, ce qui compte vraiment pour l'homme de la Tradition, ce n'est pas une capacité générique de se lancer dans la lutte, de mépriser le danger, d'affronter la mort, mais le sens en vertu duquel tout cela est accompli ; et le combat revêt, pour un tel homme, la valeur et la dignité d'un rite, d'une « voie », qui conduit, à travers la victoire et la gloire, au dépassement de la condition humaine et à la conquête de l'immortalité.*
>
> Gruppo di Ur.

Selon la conception d'un critique réputé de la civilisation, le déclin de l'Occident est clairement reconnaissable à deux caractéristiques principales : en premier lieu, le développement pathologique de tout ce qui est activisme ; en second lieu, le mépris des valeurs de la connaissance intérieure et de la contemplation.

Ce critique n'entend pas, par connaissance, rationalisme, intellectualisme ou exercices vaniteux de lettrés ; il n'entend pas, par contemplation, un éloignement du monde, un renoncement ou un détachement monacal mal compris.

Connaissance intérieure et contemplation représentent, au contraire, les formes de participation normales, les plus appropriées à la nature humaine, à la réalité surnaturelle, supra-humaine et supra-rationnelle.

Malgré cette précision, il y a au principe de la conception indiquée une prémisse inacceptable pour nous. Il est en effet tacitement admis ici que toute action dans le domaine matériel est limitative et que le domaine spirituel le plus élevé n'est accessible que par d'autres voies que celle de l'action[1].

On reconnaît aisément dans cette idée l'influence d'une conception de la vie qui est essentiellement étrangère à l'esprit de la race aryenne et qui, toutefois, est si profondément enracinée dans la façon de penser de l'Occident christianisé qu'on la retrouve jusque dans la conception impériale dantesque. L'opposition

---

[1] L'auteur se réfère évidemment aux thèses de René Guénon (N.D.T.).

entre action et contemplation était, en fait, inconnue des anciens Aryens. Action et contemplation n'étaient pas conçues par eux comme les deux termes d'une opposition. Elles désignaient seulement deux voies distinctes pour parvenir à la même réalisation spirituelle. Autrement dit, on estimait que l'homme pouvait dépasser le conditionnement individuel et participer à la réalité surnaturelle, non seulement par la contemplation, mais encore par l'action.

Si nous partons de cette idée, alors le caractère de décadence progressive de la civilisation occidentale doit être interprété différemment. La tradition de l'action est typique des races aryano-occidentales. Mais cette tradition a progressivement subi une déviation.

Ainsi, l'Occident moderne en est arrivé à ne connaître et honorer qu'une action sécularisée et matérialisée, privée de tout point de contact transcendant – une action profane qui, fatalement, devait dégénérer en fièvre et en manie et se résoudre dans l'action pour l'action ; ou bien dans un « faire » exclusivement lié à des effets conditionnés par le temps. À une action ainsi dégénérée ne répondent pas, dans le monde moderne, les valeurs ascétiques et authentiquement contemplatives, mais simplement une culture fumeuse et une foi pâle, conventionnelle. Tel sera notre point de départ pour saisir la situation.

Si le retour aux origines est le mot d'ordre de tout mouvement contemporain de rénovation, alors le fait de redevenir conscient de la conception aryenne primordiale de l'action se présente comme une tâche indispensable. Cette conception doit avoir un effet transfigurateur et évoquer dans l'homme nouveau de bonne race des forces vitales. Nous désirons faire aujourd'hui, précisément, un bref excursus dans l'univers spéculatif du monde aryen primordial, afin de ramener au jour quelques éléments fondamentaux de notre commune tradition, avec un égard particulier pour la signification de la guerre, de la lutte et de la victoire.

*

* *

Naturellement, pour l'ancien guerrier aryen, la guerre correspondait à une lutte éternelle entre des forces métaphysiques.

D'une part, il y avait le principe olympien de la lumière, la réalité ouranienne et solaire ; d'autre part, il y avait la violence brute, l'élément titanique et tellurique, barbare au sens classique du terme, féminin-démonique. Le thème de cette lutte métaphysique réapparaît de mille façons dans toutes les traditions d'origine aryenne. Toute lutte au niveau matériel était toujours vécue, avec une conscience plus ou moins grande, comme n'étant pas autre chose qu'un épisode de cette opposition. Mais puisque l'aryanité se considérait elle-même comme la milice du principe olympien, il faut également rapporter à cette vue, chez les anciens Aryens, la légitimation ou la consécration suprême du droit au pouvoir et de la conception impériale elle-même, lorsque leur caractère anti-séculier est bien visible à l'arrière-plan.

Dans la vision traditionnelle du monde, toute réalité devenait symbole. Ceci vaut également pour la guerre du point de vue subjectif et intérieur. Ainsi pouvaient être fondues en une seule et même chose guerre et voie du divin.

Les témoignages significatifs que nous offrent les traditions nordico-germaniques sont connus de nous tous. Il faut toutefois observer que ces traditions, telles qu'elles nous sont parvenues, se révèlent fragmentaires et mêlées, ou bien représentent la matérialisation de traditions aryennes primordiales plus hautes, mais souvent tombées au niveau de superstitions populaires.

Cela ne doit pourtant pas nous interdire de fixer quelques points.

Comme chacun sait, le Walhalla est avant tout le siège de l'immortalité céleste, principalement réservée aux héros tombés sur le champ de bataille. Le seigneur de ces lieux, Odin-Wotan, est présenté dans l'Ynglinga saga comme celui qui, par son sacrifice symbolique à l'Arbre cosmique Yggdrasil, a indiqué la voie aux guerriers, voie qui conduit à la demeure divine où s'épanouit la vie immortelle. D'après cette tradition, en effet, aucun sacrifice ou culte n'est plus agréable au dieu suprême, aucun n'obtient de plus riches fruits supra-terrestres que ce sacrifice qu'on offre lorsqu'on meurt sur le champ de bataille.

Il y a plus : derrière l'obscure représentation populaire du Wildes Heer[2] se cache la signification suivante : à travers les guerriers qui, en tombant, offrent un sacrifice à Odin, grossit la troupe de ceux dont le dieu a besoin pour l'ultime bataille contre le *ragna-rokkr*,

---

[2] Wildes Heer : troupe sauvage, horde tempétueuse.

c'est-à-dire contre le fatal « obscurcissement du divin » qui, depuis des temps reculés, plane, menaçant, sur le monde. Jusqu'ici, par conséquent, le thème aryen de la lutte métaphysique est mis clairement en relief. Il est même dit dans l'Edda : « Si grand que puisse être le nombre des héros réunis dans le Walhalla, ce ne sera jamais assez quand le Loup fera irruption [3] » le Loup étant ici l'image des forces obscures et sauvages, que le monde des Ases était parvenu à lier et à soumettre.

Tout à fait analogue est la conception aryano-iranienne de Mithra, le « guerrier sans sommeil », lui qui, à la tête des fravashi et de ses fidèles, livre combat contre les ennemis du dieu aryen de la lumière.

Nous traiterons bientôt des fravashi et nous examinerons leur correspondance avec les Walkyries de la tradition nordique. Mais nous voudrions préciser encore mieux la signification de la « guerre sainte » grâce à d'autres sources concordantes.

---

[3] *Gylfaginning*, 38

On ne doit pas s'étonner si nous ferons surtout référence à la tradition islamique.

Celle-ci est, en l'occurrence, à la place de la tradition aryano-iranienne. L'idée de « guerre sainte » – du moins en ce qui concerne les éléments à examiner ici – parvint aux tribus arabes par l'univers spéculatif persan : elle avait donc, en même temps, le sens d'une tardive renaissance d'un héritage aryen primordial et, de ce point de vue, elle peut sans aucun doute être utilisée.

Ceci posé, on distingue dans la tradition en question deux « guerres saintes », à savoir la « grande » et la « petite » guerres saintes. Cette distinction repose sur une parole du Prophète, qui affirma au retour d'une entreprise guerrière : « Nous voici revenus de la petite à la grande guerre sainte ». Dans ce contexte, la grande guerre sainte appartient à l'ordre spirituel.

La petite guerre sainte est, au contraire, la lutte physique, matérielle, la guerre menée dans le monde extérieur. La grande guerre sainte est la lutte de l'homme contre les ennemis qu'il porte en lui-même.

Plus précisément, c'est la lutte de l'élément surnaturel en l'homme contre tout ce qui est instinctif, lié à la passion, chaotique, sujet aux forces de la nature. Telle est aussi l'idée qui apparaît dans le vieux traité de la sagesse guerrière aryenne, la Bhagavad-Gītā : « Connaissant celui qui est au-dessus de la pensée, affermis-toi dans ta force intérieure et frappe, ô guerrier aux longs bras, cet ennemi redoutable qu'est le désir »[4]. Une condition indispensable à l'œuvre intérieure de libération, c'est que cet ennemi doit être définitivement anéanti. Dans le cadre d'une tradition héroïque, la petite guerre sainte – c'est-à-dire la guerre comme lutte extérieure – sert seulement de voie par laquelle on réalise, précisément, la grande guerre sainte. C'est pour cette raison que, dans les textes, « guerre sainte » et « voie de Dieu » sont souvent synonymes.

Ainsi lisons-nous dans le Coran : « Que ceux qui sacrifient la vie d'ici-bas à la vie future combattent dans la voie de Dieu ; qu'ils succombent ou qu'ils soient vainqueurs, nous leur donnerons une récompense généreuse »[5]. Et plus loin : « Ceux qui

---

[4] *Bhagavad-Gītā*, III, 43 [Pour cette citation, ainsi que pour celles qui suivent, nous avons utilisé la traduction d'Émile Senart, Les Belles Lettres, Paris, 1967 - N.D.T.].

[5] *Coran* (trad. Kasimirski, N.D.T.], IV, 76.

auront succombé dans le chemin de Dieu, Dieu ne fera point périr leurs œuvres. Il les dirigera et rendra leurs cœurs droits. Il les introduira dans le paradis dont Il leur a parlé »[6].

Il est fait allusion ici à la mort dans la guerre, à *la mors triumphalis* – la « mort victorieuse » –, qui possède son équivalent parfait dans les traditions classiques. La même doctrine peut aussi, cependant, être interprétée dans un sens symbolique. Celui qui, dans la « petite guerre sainte », a su vivre une « grande guerre sainte », celui-là a créé en soi une force qui le rend capable de surmonter la crise de la mort. Mais même sans avoir été tué physiquement, il peut, par l'ascèse de l'action et du combat, expérimenter la mort, il peut avoir vécu et réalisé intérieurement une « plus-que-vie ». Sous l'angle ésotérique, « Paradis », « Royaume des Cieux » et d'autres expressions analogues ne sont, en effet, que des symboles et des figurations, forgées pour le peuple, d'états transcendants d'illumination, qui relèvent, eux, d'un plan plus élevé que la vie ou la mort.

---

[6] *Coran*, XLVII, 5-6-7.

Ces considérations doivent aussi valoir comme prémisse pour retrouver les mêmes contenus doctrinaux sous le revêtement externe du christianisme, revêtement que la tradition héroïque nordico-occidentale a été contrainte d'adopter durant les croisades, pour pouvoir se manifester à l'extérieur.

Dans l'idéologie des croisades, la libération du Temple, la conquête de la « Terre Sainte » présentaient, bien plus qu'on ne le croit généralement, des points communs avec la tradition nordico-aryenne, laquelle fait référence à la mystique Asgard, à la terre lointaine des Ases et des héros où la mort n'a pas de prise et dont les habitants jouissent d'une vie immortelle et d'une paix surnaturelle. La guerre sainte apparaissait comme une guerre totalement spirituelle, au point de pouvoir être comparée, littéralement, par les prédicateurs, à une « purification, comme le feu du purgatoire dès avant la mort ». « Quelle gloire meilleure pour vous de ne jamais sortir de la mêlée, sinon couverts de lauriers ?

Mais est-il une gloire plus haute que de gagner sur le champ de bataille une couronne immortelle ? », demandait aux Templiers Bernard de Clairvaux[7]. La « gloire absolue » – la même que celle attribuée par les théologiens à Dieu au plus haut des Cieux, in excelsis deo – est, de même, commandée au croisé. Et sur cette toile de fond se découpait la « Jérusalem sainte », sous un double aspect : comme cité terrestre et comme cité céleste ; quant à la croisade, elle était vue comme élévation menant réellement à l'immortalité.

Les vicissitudes militaires des croisades produisirent d'abord l'étonnement, puis la confusion et jusqu'à des vacillements de la foi, mais eurent ensuite pour seul effet de purifier l'idée de guerre sainte de tout résidu de matérialité. L'issue malheureuse d'une croisade fut comparée à la vertu poursuivie par l'infortune, dont la valeur ne peut être jugée et récompensée qu'en fonction d'une vie non terrestre. Au-delà de la victoire ou de la défaite, le jugement de valeur se concentra ainsi sur l'aspect spirituel de l'action. La guerre sainte valait pour elle-même, indépendamment de ses résultats visibles, comme moyen pour atteindre, par le

---

[7] *De laude novae militiae.*

sacrifice de l'élément humain, une réalisation supraterrestre.

Le même enseignement, élevé au rang d'une expression métaphysique, peut être retrouvé dans un célèbre texte indo-aryen, la Bhagavad-Gītā. La compassion et les sentiments humanitaires qui retiennent le guerrier Arjûna de descendre en lice contre l'ennemi, sont jugés par le dieu « troubles, indignes d'un ârya [...], qui ne mènent ni au ciel, ni à l'honneur »[8]. Le commandement dit ceci : « Mort, tu iras au ciel ; ou vainqueur, tu gouverneras la terre. Relève-toi, ô fils de Kuntî, résolu à combattre »[9]. La disposition intérieure qui peut transmuer la petite guerre dans la grande guerre sainte dont on a parlé, est clairement décrite de la façon suivante : « Rapportant à moi toute action, l'esprit replié sur soi, affranchi d'espérance et de vues intéressées, combats sans t'enfiévrer de scrupules »[10]. Avec des expressions tout aussi claires est affirmée la pureté de cette

---

[8] *Bhagavad-Gītā*, II, 2.

[9] *Ibidem*, II, 37.

[10] *Ibidem*, II, 30.

action : elle doit être voulue pour elle-même, au-delà de toute fin matérielle, de toute passion et de toute impulsion humaine : « Considère que plaisir ou souffrance, richesse ou misère, victoire ou défaite se valent. Apprête-toi donc au combat ; de la sorte tu éviteras le péché »[11].

À titre de fondement métaphysique supplémentaire, le dieu enseigne la différence existant entre ce qui est spiritualité absolue – comme telle, indestructible – et ce qui n'a, en tant qu'élément humain et corporel, qu'une existence illusoire. D'un côté, le caractère d'irréalité métaphysique de tout ce qu'on peut perdre (vie et corps mortel transitoires) ou dont la perte peut être conditionnante pour d'autres hommes, est révélé. De l'autre, Arjûna est conduit à l'expérience de la force de manifestation du divin, à une puissance bouleversante d'une irrésistible transcendance. Face à la grandeur de cette force, toute forme conditionnée d'existence apparaît comme une négation. Lorsque cette négation est niée activement, c'est-à-dire lorsque, dans l'assaut, toute forme conditionnée d'existence est renversée ou détruite, cette force se

---

[11] *Ibidem*, II, 38.

manifeste de manière terrifiante. Dès lors, on peut précisément capter l'énergie propre à produire la transformation héroïque de l'individu.

Dans la mesure où le guerrier est à même d'œuvrer dans la pureté et le caractère d'absolu déjà indiqués, il brise les chaînes de l'humain, il évoque le divin comme force métaphysique, il attire sur lui cette force active, il trouve en elle son illumination et sa libération. Le mot d'ordre correspondant d'un autre texte, appartenant toutefois à la même tradition, dit : « La vie – comme un arc ; l'âme – comme une flèche ; l'esprit absolu – comme la cible à transpercer. S'unir à cet esprit, comme la flèche décochée se fiche dans la cible »[12]. Si nous savons apercevoir ici la forme la plus haute de réalisation spirituelle par le combat et l'héroïsme, nous comprenons alors combien est significatif le fait que cet enseignement soit présenté dans la Bhagavad-Gītā comme dérivant d'un héritage primordial aryen et solaire. En effet, il fut donné par le « Soleil » au premier législateur des Aryens, Manu, avant d'être gardé par une dynastie de rois sacrés. Au cours des siècles, cet enseignement fut perdu, puis de

---

[12] *Mârkandeya-purâna*, XLII, 7, 8.

nouveau révélé par la divinité, non à un prêtre, mais à un représentant de la noblesse guerrière, Arjûna.

*

* *

Ce dont nous avons traité jusqu'à maintenant nous permet aussi de parvenir à la compréhension des significations les plus intérieures qui se trouvent au fondement de tout un autre ensemble de traditions classiques et nordiques. Comme point de référence, il faut observer ici que, dans ces traditions, quelques images symboliques précises apparaissent avec une fréquence singulière : ce sont l'image de l'âme comme démon, double, génie et ainsi de suite ; l'image des présences dionysiaques et de la déesse de la mort ; enfin l'image d'une déesse de la victoire, qui se manifeste souvent sous la forme d'une déesse de la bataille.

Pour l'exacte compréhension de ces rapports, il faut d'abord préciser la signification de l'âme entendue comme démon, génie ou double. L'homme antique symbolisa dans le démon ou double une force gisant dans les profondeurs, qui est pour ainsi dire la vie de la vie, dans la mesure où elle dirige, en général, tous les mouvements corporels et spirituels ; une force à laquelle la conscience ordinaire n'a pas accès et qui, toutefois, conditionne très largement l'existence contingente et le destin de l'individu. On estimait qu'il y avait un lien étroit entre cette force et les puissances mystiques de la race et du sang. C'est ainsi, par exemple, que le démon (*daiinon*) apparaît semblable, sous de nombreux aspects, aux dieux lares, les entités mystiques d'une lignée ou d'une descendance, au sujet desquels Macrobe, par exemple, affirme : « Ils sont les dieux qui nous maintiennent en vie, ils alimentent notre corps et guident notre âme ». On peut dire qu'il existe entre le démon et la conscience normale un rapport du même type que celui qui relie principe individuant et principe individué. Selon l'enseignement des Anciens, le premier est une force supra-individuelle, donc supérieure à la naissance et à la mort. Le second, le principe individué, conscience conditionnée par le corps et le monde extérieur, est destiné, normalement, à la dissolution ou à la survie éphémère propre aux ombres. Dans la tradition nordique, l'image des Walkyries a plus ou moins la même signification que le démon. Cette image se confond, dans de nombreux textes, avec celle de la *fylgja*[13], c'est-à-dire avec une entité spirituelle agissant dans l'homme et à la force de laquelle le destin de celui-ci est soumis.

En tant que *kynfylgja*, la walkyrie est – tout comme les dieux lares romains – la force mystique du sang. De même pour les fravashi de la tradition aryano-iranienne.

La fravashi – explique un célèbre orientaliste – « est la force intime de chaque être humain, c'est ce qui le soutient et fait qu'il naît et subsiste ». Simultanément, les fravashi, comme les dieux lares romains, sont en contact avec les forces primordiales d'une race et sont – à l'instar des walkyries – de terrifiantes déesses de la guerre, qui accordent fortune et victoire.

Telle est la première liaison que nous devons établir. Qu'est-ce que cette force mystérieuse, qui représente l'âme profonde de la race et l'élément transcendantal à l'intérieur de l'individu, peut avoir en commun avec les déesses de la guerre » ? Pour bien comprendre ce point, il faut se rappeler que les anciens Indo-Germains avaient de l'immortalité une conception

---

[13] Littéralement : l'accompagnatrice (N.D.L.E.).

pour ainsi dire aristocratique et différenciée. Tous les hommes n'échappaient pas à l'autodissolution, à cette survie lémurique dont Hadès et Niflheim étaient les anciennes images symboliques. L'immortalité est le privilège d'un petit nombre et, selon la conception aryenne, principalement un privilège héroïque. Le fait de survivre – non comme ombre, mais comme demi-dieu – est réservé uniquement à ceux qu'une action spirituelle particulière a élevés de l'une à l'autre nature. Ici, nous ne pouvons malheureusement fournir toutes les preuves qui seraient nécessaires pour justifier l'affirmation suivante : techniquement parlant, cette action spirituelle consistait à transformer le moi individuel de la conscience humaine normale en une force profonde, supra-individuelle, force individuante, qui est au-delà de la naissance et de la mort et à laquelle nous avons dit que correspond l'idée de « démon »[14].

---

[14] Pour une compréhension exacte et générale des enseignements qui sont à la base des conceptions de la vie indiquées plus haut, nous renvoyons le lecteur à notre ouvrage *Révolte contre le monde moderne*, éd. de l'Homme, Montréal-Bruxelles, 1973.

Le démon est lui aussi au-delà de toutes les formes finies dans lesquelles il se manifeste, et ce, non seulement parce qu'il représente la force primordiale de toute une race, mais sous l'aspect de l'intensité. Le brusque passage de la conscience ordinaire à cette force symbolisée par le démon suscitait, par conséquent, une crise destructrice : comme un éclair, à la suite d'un courant trop fort dans le circuit humain. Nous posons donc que, dans des conditions tout à fait exceptionnelles, le démon peut faire irruption dans l'individu et lui faire éprouver de la sorte une transcendance destructrice : dans ce cas, se produirait une espèce d'expérience active de la mort, ce qui fait apparaître clairement la seconde liaison, à savoir pourquoi l'image du double ou du démon, dans les mythes de l'Antiquité, a pu se confondre avec la divinité de la mort.

Dans la tradition nordique, le guerrier voit précisément sa walkyrie à l'instant de la mort ou du péril mortel.

Allons plus loin. Dans l'ascèse religieuse, mortification, renoncement au Moi, élan dans l'abandon à Dieu sont les moyens préférés par lesquels on cherche précisément à provoquer une crise de ce genre et à la dépasser positivement. Des expressions comme

« mort mystique » ou bien « nuit obscure de l'âme », etc., qui visent à décrire cette condition, sont connues de tous. À l'opposé, dans le cadre d'une tradition héroïque, la voie vers le même but est représentée par la tension active, par la libération dionysiaque de l'élément « action ». Au niveau le plus bas de la phénoménologie correspondante, nous observons, par exemple, la danse, employée comme technique sacrée pour évoquer et susciter, à travers l'extase de l'âme, des forces reposant dans les profondeurs. Dans la vie de l'individu libérée par le rythme dionysiaque, s'insère une autre vie, comme l'affleurement de sa racine la plus enfouie. « Horde sauvage », Furies, Érinyes et autres entités spirituelles analogues dramatisent cette force en des termes symboliques. Elles correspondent, par conséquent, à une manifestation du démon dans sa transcendance terrifiante et active.

À un niveau plus élevé se situent les jeux guerriers sacrés. Plus haut encore se trouve la guerre. Nous sommes ainsi reconduits à la conception aryenne primordiale de la bataille et de l'ascèse guerrière.

Dans les moments de danger extrême présentés par le combat héroïque, cette expérience supranormale fut réputée possible. Déjà le verbe latin *ludere* – jouer, combattre – semble contenir l'idée de résolution[15]. C'est une des nombreuses allusions à la propriété, inhérente au combat, de délier des limitations individuelles et de faire émerger des forces libres cachées en profondeur. De là dérive le fondement de la troisième assimilation : les démons, les dieux lares, le moi individuant sont identiques aux Furies, Érinyes et autres natures dionysiaques déchaînées qui, pour leur part, ont beaucoup de traits communs avec les déesses de la mort ; mais les démons ont aussi la même signification par rapport aux vierges qui mènent à l'assaut dans la bataille, aux walkyries et fravashi.

Ces dernières sont décrites dans les textes, par exemple, comme « les terrifiantes, les toutes-puissantes », « celles qui écoutent et donnent la victoire à celui qui les invoque » – ou, pour mieux dire, à celui qui les évoque à l'intérieur de lui-même. De là à la dernière similitude, la voie est brève. Les mêmes entités guerrières assument enfin les traits de déesses de la victoire dans les traditions aryennes : métamorphose qui caractérise précisément l'heureux

---

[15] Cf. Bruckmann, *Indogermanische Forschungen*, XVII, p.433.

accomplissement des expériences intérieures en question. De même que le démon ou double a le sens d'un pouvoir profond et supra-individuel à l'état latent par rapport à la conscience ordinaire ; de même que les Furies et les Érinyes reflètent une manifestation spéciale de déchaînement et d'irruptions démoniques – les déesses de la mort, walkyries, fravashi, etc., renvoyant aux mêmes situations, dans la mesure où celles-ci sont rendues possibles par le combat héroïque –, de même la déesse de la Victoire est l'expression du triomphe du Moi sur ce pouvoir. Elle désigne la tension victorieuse vers une condition située au-delà du danger inhérent à l'extase et à des formes de destruction subpersonnelles, danger toujours en embuscade derrière le moment frénétique de l'action dionysiaque et, aussi, de l'action héroïque. L'élan vers un état spirituel réellement suprapersonnel, qui rend libre, immortel, intérieurement indestructible, l'accomplissement résumé par la parole « devenir un des deux » (les deux éléments de l'être humain), s'exprime donc dans cette représentation de la conscience mythique.

Passons maintenant à la signification dominante de ces traditions héroïques primordiales, c'est-à-dire à la conception mystique de la victoire. La prémisse fondamentale, c'est qu'une correspondance efficace entre plan physique et plan métaphysique, entre le visible et l'invisible, fut conçue lorsque les actions de l'esprit manifestent des caractères supra-individuels et s'expriment par des opérations et faits réels. Une réalisation spirituelle de ce type fut pressentie comme l'âme secrète de certaines actions authentiquement guerrières, dont le couronnement réside dans la victoire effective. C'est alors que les aspects matériels de la victoire militaire ne font qu'exprimer une action spirituelle qui a suscité la victoire, au point qu'extérieur et intérieur s'unissent. La victoire apparaît comme signe tangible pour une consécration à une renaissance mystique accomplie dans le même domaine. Les Furies et la Mort, que le guerrier a matériellement affrontées sur le champ de bataille, s'opposent aussi en lui sur le plan spirituel, sous la forme d'une irruption menaçante des forces primordiales de son être. Dans la mesure où il triomphe sur elles, la victoire est sienne. C'est dans ce cadre que s'explique aussi la raison pour laquelle chaque victoire prenait une signification sacrale dans le monde relié à la Tradition. Le chef de l'armée acclamé sur les champs de bataille incarnait l'expérience et la présence de cette force mystique qui le transformait. On comprend mieux, dès lors, le sens profond du caractère supra-terrestre dérivant de la gloire et de la « divinité » du vainqueur, t pourquoi l'antique célébration romaine du triomphe présenta des aspects bien plus sacraux que militaires. Le symbolisme, récurrent dans les traditions aryennes primordiales, des victoires, walkyries et entités analogues, qui guident l'âme du guerrier au « ciel », ainsi que le mythe du héros victorieux, tel l'Héraklès dorien, qui obtient de Niké – la « déesse de la victoire » – la couronne qui lui accorde l'indestructibilité olympienne – ce symbolisme se montre maintenant sous une lumière bien différente. Et l'on voit désormais clairement combien fausse et superficielle est l'interprétation qui ne saisit dans tout cela que « poésie », rhétorique et fables.

La théologie mystique enseigne que dans la gloire s'accomplit la transfiguration spirituelle sanctifiante, et l'iconographie chrétienne entoure la tête des saints et des martyrs de l'auréole de la gloire. Tout cela renvoie à un héritage, certes affaibli, transmis par nos traditions héroïques les plus élevées. La tradition aryano-iranienne, déjà, connaissait en effet le feu céleste compris comme gloire – hvarenô – qui descend sur les rois et les chefs, les rend immortels et porte pour eux témoignage dans la victoire. Et l'ancienne couronne royale rayonnante symbolisait précisément la gloire en tant que feu solaire et céleste.

Lumière, splendeur solaire, gloire, victoire, royauté divine, ce sont des images étroitement apparentées au sein du monde aryen, et qui n'apparaissent pas comme des abstractions ou inventions de l'homme, mais qui ont le sens de forces et de dominations absolument réelles. Dans ce contexte, la doctrine mystique du combat et de la victoire représente pour nous un sommet lumineux de notre commune conception de l'action au sens traditionnel.

*

*   *

Cette conception traditionnelle parle aujourd'hui encore un langage compréhensible pour nous – à condition, naturellement, que nous nous détournions de ses manifestations extérieures et conditionnées par le temps. Alors même qu'on veut présentement dépasser cette spiritualité lasse, anémiée ou fondée sur des spéculations abstraites ou des sentiments piétistes, et, en même temps, surmonter la dégénérescence matérialiste de l'action, peut-on trouver pour cette tâche de meilleurs points de référence que les idéaux mentionnés de l'homme aryen primordial ? Mais il y a plus. Les tensions matérielles et spirituelles se sont comprimées à un point tel en Occident, ces dernières années, qu'elles ne peuvent finalement être résolues que par le combat. Avec la guerre actuelle, une époque va à la rencontre de sa propre fin, tandis que surgissent des forces qui ne peuvent plus être dominées et transformées dans la dynamique d'une civilisation nouvelle par des idées abstraites, des prémisses universalistes ou par des mythes irrationnellement conçus.

Une action bien plus profonde et essentielle s'impose maintenant, afin qu'au-delà des ruines d'un monde subverti et condamné, une époque nouvelle s'ouvre pour l'Europe.

Cependant, dans cette perspective bien des choses dépendront de la façon dont l'individu pourra donner une forme à l'expérience du combat : c'est-à-dire s'il sera en mesure d'assumer héroïsme et sacrifice comme une catharsis, comme un moyen de libération et d'éveil intérieur.

Cette entreprise de nos combattants – intérieure, invisible, éloignée des gestes et des grands mots – aura un caractère décisif, non seulement pour l'issue définitive et victorieuse des vicissitudes de cette époque particulièrement troublée, mais pour donner une forme et un sens à l'ordre qui naîtra de la victoire. C'est dans la bataille elle-même qu'il faut réveiller et tremper cette force qui, au-delà de la tourmente, du sang et des privations, favorisera, avec une splendeur nouvelle et une paix toute-puissante, une nouvelle création.

C'est pourquoi l'on devrait apprendre de nouveau, aujourd'hui et sur le champ de bataille, l'action pure, l'action au sens d'ascèse virile, mais aussi de purification et de voie vers des formes de vie supérieures, valables en elles-mêmes et pour elles-mêmes – mais cela, c'est précisément faire retour, d'une certaine façon, à la tradition primordiale aryano-occidentale. Des temps anciens résonne encore jusqu'à nous le mot d'ordre : « La vie – comme un arc ; l'âme – comme une flèche ; l'esprit absolu – comme une cible à transpercer ».

Celui qui, aujourd'hui encore, vit la bataille au sens de cette identification, celui-là restera debout lorsque les autres s'écrouleront – et il sera une force invincible. Cet homme nouveau vaincra en lui tout drame, toute obscurité, tout chaos, et il représentera, à l'avènement des temps nouveaux, le principe d'un développement inédit. Selon la tradition aryenne primordiale, cet héroïsme des meilleurs peut réellement remplir une fonction évocatrice, une fonction rétablissant le contact, relâché depuis des siècles, entre monde et supra-monde. Alors, le combat ne sera pas un horrible carnage, n'aura pas le sens d'un destin désespéré, conditionné par la seule volonté de puissance, mais sera la preuve du droit et de la mission d'un peuple. Alors la paix ne signifiera pas une nouvelle noyade dans la grisaille bourgeoise quotidienne, ni l'éloignement de la tension spirituelle à l'œuvre dans la bataille, mais aura, au contraire, le sens d'un accomplissement de celle-ci.

C'est pour cela aussi que nous voulons faire nôtre, de nouveau, la profession de foi des anciens, telle qu'elle s'exprima dans les paroles suivantes : « Le sang des héros est plus sacré que l'encre des savants et les prières des dévots »[16] ; une profession de foi qui est à la base de la conception traditionnelle, selon laquelle, dans la « guerre sainte », ce sont d'abord les mystiques forces primordiales de la race qui agissent, beaucoup plus que les individus. Ces forces des

---

[16] Evola ne précise pas l'origine exacte de cette maxime. Curieusement, celle-ci fait penser à un hadith de la tradition islamique qui, lui, affirme cependant la supériorité métaphysique de la connaissance sur l'action : « *L'encre des savants et le sang des martyrs seront pesés au Jour de la Résurrection, et la balance penchera en faveur des savants* » (N.D.T.).

origines créent les empires mondiaux et rendent à l'homme la « paix victorieuse ».

LA DOCTRINE ARYENNE DU COMBAT ET DE LA VICTOIRE

LA DOCTRINE ARYENNE DU COMBAT ET DE LA VICTOIRE

Déjà parus

OMNIA VERITAS LTD PRÉSENTE :

RENÉ GUÉNON
APERÇUS SUR L'ÉSOTÉRISME CHRÉTIEN

« Ce changement qui fit du Christianisme une religion au sens propre du mot et une forme traditionnelle... »

Les vérités d'ordre ésotérique, étaient hors de la portée du plus grand nombre...

OMNIA VERITAS LTD PRÉSENTE :

RENÉ GUÉNON
APERÇUS SUR L'ÉSOTÉRISME ISLAMIQUE ET LE TAOÏSME

« Dans l'Islamisme, la tradition est d'essence double, religieuse et métaphysique »

On les compare souvent à l'« écorce » et au « noyau » (el-qishr wa el-lobb)

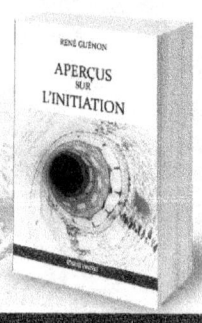

Omnia Veritas Ltd présente :

RENÉ GUÉNON
APERÇUS SUR L'INITIATION

«Nous nous étendons souvent sur les erreurs et les confusions qui sont commises au sujet de l'initiation...»

On se rend compte du degré de dégénérescence auquel en est arrivé l'Occident moderne...

« ... on voit une barque portée par le poisson, image du Christ soutenant son Église » ; or on sait que l'Arche a souvent été regardée comme une figure de l'Église... »

Le Véda, qu'il faut entendre comme la Connaissance sacrée dans son intégralité

« la distinction des castes constitue, dans l'espèce humaine, une véritable classification naturelle à laquelle doit correspondre la répartition des fonctions sociales »

L'égalité n'existe nulle part en réalité

« ... ce terme de « réincarnation » ne s'est introduit dans les traductions de textes orientaux que depuis qu'il a été répandu par le spiritisme et le théosophisme... »

... la « réincarnation » a été imaginée par les Occidentaux modernes...

OMNIA VERITAS LTD PRÉSENTE :

RENÉ GUÉNON

COMPTES-RENDUS DE REVUES & NOTICES NÉCROLOGIQUES

« On tient d'autant plus à ne voir que de l'« humain » dans les doctrines hindoues que cela faciliterait grandement les entreprises « annexionnistes » dont nous avons déjà parlé »

Il s'agit en fait de deux traditions, qui comme telles sont d'essence également surnaturelle

OMNIA VERITAS LTD PRÉSENTE :

RENÉ GUÉNON

CORRESPONDANCE I

« ... l'état suprême n'est pas quelque chose à obtenir par une « effectuation » quelconque ; il s'agit uniquement de prendre conscience de ce qui est. »

... l'éloignement du Principe, nécessairement inhérent à tout processus de manifestation

 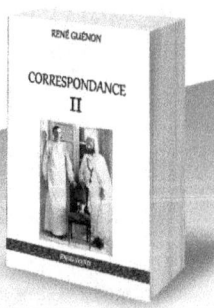

OMNIA VERITAS LTD PRÉSENTE :

RENÉ GUÉNON

CORRESPONDANCE II

« ... Vous me demandez s'il y a quelque chose de changé depuis la publication de mes ouvrages; certaines portes, du côté occidental, se sont fermées d'une façon définitive »

Quant à l'Islam politique, mieux vaut n'en pas parler, car ce n'est plus qu'un souvenir historique

OMNIA VERITAS

«Parmi les symboles usités au moyen âge, outre ceux dont les Maçons modernes ont conservé le souvenir tout en n'en comprenant plus guère la signification, il y en a bien d'autres dont ils n'ont pas la moindre idée.»

Omnia Veritas Ltd présente :

RENÉ GUÉNON

ÉTUDES SUR LA FRANC-MAÇONNERIE ET LE COMPAGNONNAGE

la distinction entre « Maçonnerie opérative » et « Maçonnerie spéculative »

OMNIA VERITAS

« En considérant la contemplation et l'action comme complémentaires, on se place à un point de vue déjà plus profond et plus vrai »

OMNIA VERITAS LTD PRÉSENTE :

RENÉ GUÉNON
ÉTUDES SUR L'HINDOUISME

... la double activité, intérieure et extérieure, d'un seul et même être

---

OMNIA VERITAS

« Les articles réunis dans le présent recueil représentent l'aspect le plus original de l'œuvre de René Guénon »

OMNIA VERITAS LTD PRÉSENTE :

RENÉ GUÉNON
FORMES TRADITIONNELLES & CYCLES COSMIQUES

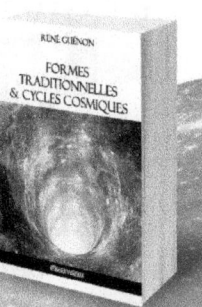

Fragments d'une histoire inconnue

Omnia Veritas Ltd présente :

RENÉ GUÉNON
INITIATION
ET
RÉALISATION SPIRITUELLE

« Sottise et ignorance peuvent en somme être réunies sous le nom commun d'incompréhension »

Le peuple est comme un « réservoir » d'où tout peut être tiré, le meilleur comme le pire

Omnia Veritas Ltd présente :

RENÉ GUÉNON
INTRODUCTION GÉNÉRALE
À L'ÉTUDE DES DOCTRINES HINDOUES

« Bien des difficultés s'opposent, en Occident, à une étude sérieuse et approfondie des doctrines hindoues »

... ce dernier élément qu'aucune érudition ne permettra jamais de pénétrer

Omnia Veritas Ltd présente :

RENÉ GUÉNON

LA CRISE DU MONDE MODERNE

«Il semble d'ailleurs que nous approchions du dénouement, et c'est ce qui rend plus sensible aujourd'hui que jamais le caractère anormal de cet état de choses qui dure depuis quelques siècles»

Une transformation plus ou moins profonde est imminente

«On veut trouver dans tout ternaire traditionnel, quel qu'il soit, un équivalent plus ou moins exact de la Trinité chrétienne»

Il s'agit bien évidemment d'un ensemble de trois aspects divins

« La métaphysique pure étant par essence en dehors et au-delà de toutes les formes »

et de toutes les contingences, n'est ni orientale ni occidentale, elle est universelle.

« Car tout ce qui existe en quelque façon que ce soit, même l'erreur, a nécessairement sa raison d'être »

... et le désordre lui-même doit finalement trouver sa place parmi les éléments de l'ordre universel

« Un principe, l'Intelligence cosmique qui réfléchit la Lumière spirituelle pure et formule la Loi »

Omnia Veritas Ltd présente :
RENÉ GUÉNON
LE ROI DU MONDE

Le Législateur primordial et universel

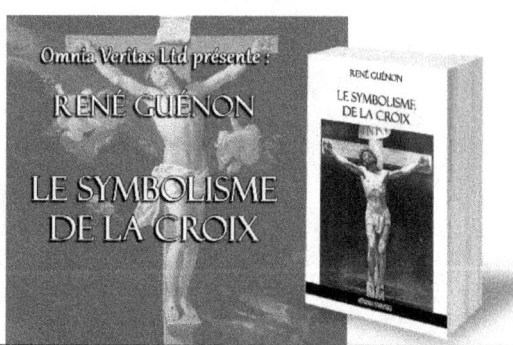

« La considération d'un être sous son aspect individuel est nécessairement insuffisante »

... puisque qui dit métaphysique dit universel

« Notre but, disait alors Mme Blavatsky, n'est pas de restaurer l'Hindouïsme, mais de balayer le Christianisme de la surface de la terre »

Omnia Veritas Ltd présente :
RENÉ GUÉNON
LE THÉOSOPHISME
HISTOIRE D'UNE PSEUDO-RELIGION

Le vocable de théosophie servait de dénomination commune à des doctrines assez diverses

« Il y a, à notre époque, bien des « contrevérités », qu'il est bon de combattre... »

Parmi toutes les doctrines « néo-spiritualistes », le spiritisme est certainement la plus répandue

«L'Infini est, suivant la signification étymologique du terme qui le désigne, ce qui n'a pas de limites»

La notion de l'Infini métaphysique dans ses rapports avec la Possibilité universelle

«... il nous a paru utile d'entreprendre la présente étude pour préciser et expliquer plus complètement certaines notions du symbolisme mathématique... »

un exemple frappant de cette absence de principes qui caractérise les sciences profanes...

«La difficulté commence seulement lorsqu'il s'agit de déterminer ces différentes significations, surtout les plus élevées ou les plus profondes...»

La Divine Comédie, dans son ensemble, peut s'interpréter en plusieurs sens

«Quand nous considérons ce qu'est la philosophie dans les temps modernes, son absence dans une civilisation n'a rien de particulièrement regrettable.»

Le Vêdânta n'est ni une philosophie, ni une religion

«La civilisation occidentale moderne apparaît dans l'histoire comme une véritable anomalie...»

... cette civilisation est la seule qui se soit développée dans un sens purement matériel

OMNIA VERITAS

OMNIA VERITAS LTD PRÉSENTE :

RENÉ GUÉNON

Écrits sous la signature de T PALINGÉNIUS

« ... Il est un certain nombre de problèmes qui ont constamment préoccupé les hommes, mais il n'en est peut-être pas qui ait semblé généralement plus difficile à résoudre que celui de l'origine du Mal... »

Comment donc Dieu, s'il est parfait, a-t-il pu créer des êtres imparfaits ?

OMNIA VERITAS

OMNIA VERITAS LTD PRÉSENTE :

RENÉ GUÉNON

ÉCRITS POUR

REGNABIT

REVUE UNIVERSELLE DU SACRÉ-COEUR

« ... Cette coupe se substitue donc au Cœur du Christ comme réceptacle de son sang, et n'est-il pas encore plus remarquable, que le vase ait été déjà anciennement un emblème du cœur ? »

Le Saint Graal est la coupe qui contint le précieux sang du Christ...

OMNIA VERITAS

OMNIA VERITAS LTD PRÉSENTE :

RENÉ GUÉNON

SYMBOLES DE LA SCIENCE SACRÉE

« Ce développement matériel a été accompagné d'une régression intellectuelle qu'il est fort incapable de compenser »

Qu'importe la vérité dans un monde dont les aspirations sont uniquement matérielles et sentimentales

Omnia Veritas Ltd présente :

2000 ans de complots contre l'Église

de
MAURICE PINAY

Aucun autre livre au cours de ce siècle n'a été l'objet d'autant de commentaires dans la presse mondiale.

*Une compilation de documents d'Histoire et de sources d'indiscutable **importance et authenticité***

Omnia Veritas Ltd présente :

Bouddha
sa vie, sa doctrine, sa communauté

HERMANN OLDENBERG

« Le sage connaît les formules et les offrandes qui l'élèvent au-dessus de la région de l'alternance des jours et des nuits. »

Au-dessus du royaume de l'alternance des jours et des nuits trône « Celui qui brille »...

Le lien de l'être, il le découvrit dans le non-être...

Omnia Veritas Ltd présente :

Le Brâhmanisme

de
LÉON DE MILLOUÉ

Le socle spirituel de la **Civilisation Indienne**

La religion indienne repose tout entière sur de très anciens livres appelés Védas, tenus pour être la source et le réceptacle de toute vérité et de toute science

Explorez les sources de la Tradition Orientale !

LA DOCTRINE ARYENNE DU COMBAT ET DE LA VICTOIRE

Omnia Veritas Ltd présente :

JÉSUS-CHRIST, sa vie, sa passion, son triomphe
par AUGUSTIN BERTHE

Par sa doctrine, il éclipsa tous les sages ; par ses prodiges, tous les thaumaturges ; par ses prédictions, tous les prophètes...

*Il fit du monde entier son **royaume**, et courba sous son joug les peuples et les rois*

Omnia Veritas Ltd présente :

Le Judaïsme & le Vatican
de Léon de Poncins

L'irréductible antagonisme avec lequel le **Judaïsme** s'est toujours opposé au **Christianisme** depuis deux mille ans est la clef et le principal ressort de la **subversion** moderne

Entre l'Évangile et le Talmud il y a un antagonisme irréductible

Omnia Veritas Ltd présente :

LA HUITIÈME CROISADE
Libres révélations d'un officier d'État-Major britannique

La « Communauté » juive, ordre social particulier à la Juiverie, constitue une puissance sans scrupule pour le mal, laquelle, pendant vingt siècles, a miné la civilisation dans chaque partie du globe.

Au détriment des pays sur lesquels ses membres se sont abattus...

LA DOCTRINE ARYENNE DU COMBAT ET DE LA VICTOIRE

 Omnia Veritas Ltd présente :

LA TRADITION CATHOLIQUE se fonde sur l'être, sur ce qui est immuable, sur l'acte. La FAUSSE CABALE au contraire, se fonde sur le devenir, sur le changement, sur l'évolution et sur le mythe du progrès à l'infini : Dieu n'est donc pas, mais Il devient ou se fait.

À quelle Tradition voulons-nous adhérer, à la luciférienne ou à la chrétienne ?

 Omnia Veritas Ltd présente :

Le Juif sectaire
ou la
TOLÉRANCE TALMUDIQUE
PAR
LÉON-MARIE VIAL

Ce volume est l'esquisse, à grands traits, de la tolérance des juifs, à travers dix-neuf siècles, à l'égard des chrétiens, spécialement des chrétiens français.

La France est perdue si elle ne brise à bref délai le réseau des tyrannies cosmopolites...

 Omnia Veritas Ltd présente :

Le passé,
LES TEMPS PRÉSENTS
ET LA QUESTION JUIVE

Quel est le peuple, quelle est la nation qui devrait être la première du monde par ses vertus, par son passé, par ses exploits, par ses croyances ?

Que s'est-il passé pour ce qui devrait être ne soit pas ?

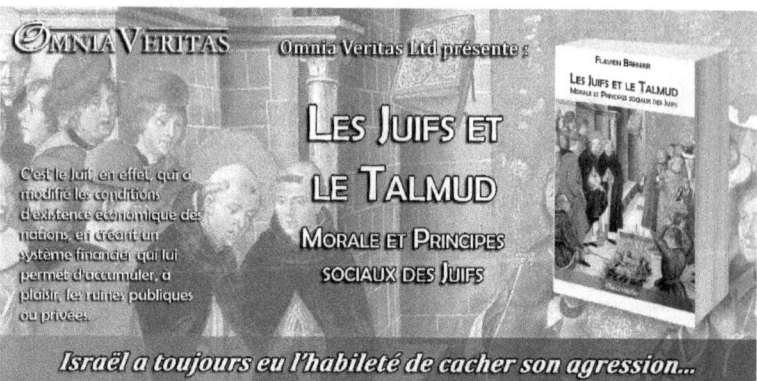
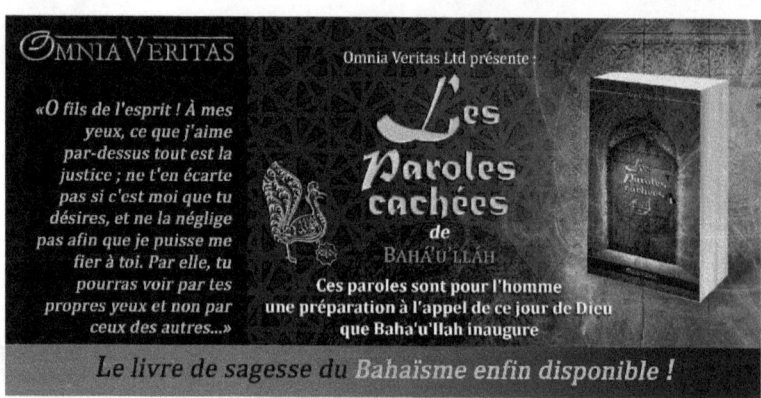

Omnia Veritas Ltd présente :

Childéric, roi des Francs

de ANNE-MARIE DE BEAUFORT

Les Francs n'estimoient que la profession des armes ; ils laissoient l'agriculture et les métiers aux esclaves

tout citoyen étoit soldat et se présentoit toujours armé...

OMNIA VERITAS LTD PRÉSENTE :

COMBAT POUR BERLIN

Berlin est quelque chose d'unique en Allemagne. Sa population ne se compose pas, comme celle d'une ville quelconque, d'une masse uniforme, repliée sur elle-même, et homogène.

La capitale représente le centre de toutes les forces politiques

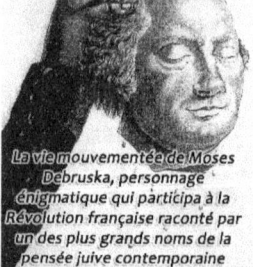

OMNIA VERITAS LTD PRÉSENTE :

Du Frankisme au Jacobinisme

La vie de Moses Dobruska, alias Franz Thomas von Schönfeld alias Junius Frey

PAR

GERSHOM SCHOLEM

La vie mouvementée de Moses Debruska, personnage énigmatique qui participa à la Révolution française raconté par un des plus grands noms de la pensée juive contemporaine

Élevé comme juif orthodoxe, il devint par la suite l'adepte d'une secte kabbaliste

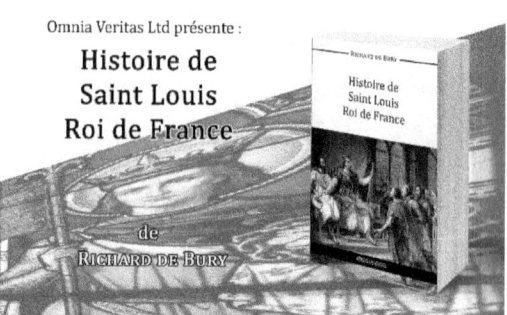

LA DOCTRINE ARYENNE DU COMBAT ET DE LA VICTOIRE

www.omnia-veritas.com

www.ingramcontent.com/pod-product-compliance
Lightning Source LLC
Chambersburg PA
CBHW070926160426
43193CB00011B/1586